班组长能力提升系列题库

班组长
个人职业素养题库

中华全国总工会劳动和经济工作部　技能强国–全国产业工人学习社区◎编

中国工人出版社

图书在版编目（CIP）数据

班组长个人职业素养题库 / 中华全国总工会劳动和经济工作部，技能强国-全国产业工人学习社区编. —北京：中国工人出版社，2024.4
ISBN 978-7-5008-8441-5

Ⅰ.①班… Ⅱ.①中… ②技… Ⅲ.①班组管理—职业道德—习题集
Ⅳ.①F406.6-44

中国国家版本馆CIP数据核字（2024）第072343号

班组长个人职业素养题库

出 版 人 董 宽
责任编辑 严 春 李卫民
责任校对 张 彦
责任印制 栾征宇
出版发行 中国工人出版社
地　　址 北京市东城区鼓楼外大街45号 邮编：100120
网　　址 http://www.wp-china.com
电　　话 （010）62005043（总编室）
（010）62005039（印制管理中心）
（010）62379038（职工教育编辑室）
发行热线 （010）82029051 62383056
经　　销 各地书店
印　　刷 天津中印联印务有限公司
开　　本 880毫米×1230毫米 1/32
印　　张 6.5
字　　数 128千字
版　　次 2024年4月第1版 2025年8月第8次印刷
定　　价 18.00元

目　录

CONTENTS

单项选择题

1. 在培养创新能力的过程中，对于自我能力的评价与认知，班组长应（ ）。

A. 做出符合自己实际能力的评价

B. 做出稍低于自己实际能力的评价

C. 做出稍超出自己实际能力的评价

D. 完全不评价自己的能力

2. 现场分析和诊断是班组长的基本功之一，以下内容中，（ ）不是现场分析。

A. 工作流程

B. 工作环境

C. 作业方式和设备、设施的配置

D. 分析工作者的动机

3. 以下不是班组长的作用的是（ ）。

A. 班组长是一线的指挥者，是“兵头将尾”，是直接带领员工从事一线生产或服务的实践者、组织者

B. 企业各项管理工作都要通过班组来贯彻落实，而班组的一切工作都要靠班组长来组织实施

C. 作为班组的带头人，班组长需要带领班组成员齐心协力做好工作，不需要承担开展思想工作的责任

D. 班组长要在化解矛盾、理顺情绪等方面做好疏导工作，妥善地协调好上下级之间、班组之间、同事之间以及工序之间等

内外部的关系

4. 跨团队上级沟通法则不包括（　）。

A. 心态要正　B. 位置要明

C. 尊重平等　D. 领导权威

5. 领导激励的方法除了物质激励、成就激励、职务激励之外，还包括（　）。

A. 主观能动性激励　B. 情绪激励

C. 组织激励　D. 信任激励

6. 下列关于组织的说法中，不正确的是（　）。

A. 必须由两个或两个以上的人组成

B. 必须有一定的行为准则

C. 必须有既定的目标

D. 任意一个群体都可称为一个组织

7. 持续学习能力是指班组长从（　）对岗位履职要求的适应与发展进行的。

A. 社交角度　B. 个人兴趣角度

C. 自身素养与学习活动角度　D. 专业技能角度

8. 心理学的三个关系中最核心的是（　）。

A. 自己和自己的关系　B. 自己和他人的关系

C. 自己和环境的关系　D. 自己和父母的关系

9. 危机决策力是指危机情景下的快速（　）能力。

A. 面对　　B. 管理

C. 准备　　D. 决断

10. 我国的国有企业实行公司制的主要目的是（　）。

A. 将企业都改名为公司

B. 通过股权多样化筹集资金

C. 转换经营机制，增强企业活力

D. 吸引外资，实行合资经营

11. 班组长在探索团队学习方法时应该（　）。

A. 注重培养员工主动学习的意愿

B. 注重学习内容的确定

C. 注重学习方法的创新

D. 以上都是

12. 对班组长、一线主管这一层面管理者的技能结构要求说法正确的是（　）。

A. 主要是专业技能和人际技能

B. 主要是概括技能，即管理者对复杂情况进行抽象和概念化，并作出决策的技能

C. 主要是人际技能和概括技能

D. 以上都不是

13. “你一定能做好的，辛苦啦”，这句话属于班组内部下行沟通三步法中的（　）。

A. 主题引入　　B. 完美收尾

C. 主题展开　　D. 以上都不是

14. 下列对班组长的概述不正确的是（　）。

A. 一线战斗的直接组织者和指挥者

B. 班组的主心骨、带头人

C. 主管人员命令和决定的执行者

D. 企业的代言人

15. 在班组长的选用上要体现优胜劣汰的（　）管理。

A. 动态　　B. 静态

C. 周期　　D. 循环

16. 以下关于解决矛盾的方法，不能为班组长所用的是（　）。

A. 有些由于彼此价值观方面差异造成的矛盾，一时难以和谐，那就要让双方尊重对方观点的合理性，查找共同的方面，在进展中逐步扩大共同方面

B. 当冲突双方都在气头上时，班组长能够先做“冷处理”，然后等待适当时机，协商解决

C. 仲裁解决法，班组长作为仲裁者要具有权威性，要秉公办事，不可有偏心

D. 一个巴掌拍不响，既然有矛盾，确信双方都有问题，那就各打五十大板

17. 吴班长将注意力几乎都放在了对任务的完成上，对班组职

员的心理感受、士气等缺乏关怀。吴班长的领导作风属于（　）。

A. 贫乏型　　B. 任务导向型

C. 中庸型　　D. 斗争集体型

18. 一个人是否具有影响力，取决于许多因素。（　）不属于影响力的范畴。

A. 个人才干　　B. 人际关系

C. 智商高　　D. 沟通能力

19.（　）因素不是班组长养成持续学习习惯的关键。

A. 意愿　　B. 能力

C. 智商　　D. 毅力

20. 班组长在处理冲突时，（　）的策略最为重要。

A. 公平、公正调解　　B. 妥协求和

C. 执行自己的观点　　D. 忽视冲突

21. 讨论是双向的、用于解决争端或冲突的会议类型是（　）。

A. 报告会议　　B. 解决问题会议

C. 制定决策会议　　D. 谈判会议

22. 李班长发觉自己在授权的过程中出现了问题，一名职员在完成工作的过程中使项目进展偏离了正常的轨道。在此情形下，李班长不应该做的是（　）。

A. 连续信任和关注该职员

B. 把授予的权力收回

C. 制订一份双方一致同意的行动计划

D. 为职员提供必要的支持

23. 班组长是企业的“兵头将尾”，既是生产者，又是（　）。

A. 决策者　　B. 管理者

C. 指挥者　　D. 参与者

24. 一个成熟的班组长应该具备的能力是（　），以避免对下属和其他员工产生负面影响。

A. 情绪控制能力　　B. 自我激励能力

C. 指导员工能力　　D. 培养员工能力

25. 设定最好的（　），让全员彻底地遵守并进行改善，是作为班组长最基本的职责。

A. 技能训练　　B. 工程作业

C. 指导方法　　D. 标准作业

26. 班组长在解决问题时，（　）最符合有效决策者的特征。

A. 独立决策，不考虑团队意见

B. 收集多方信息，权衡利弊

C. 只依赖过去的经验

D. 强迫团队接受自己的观点

27. 关于沟通中的噪声，说法正确的是（　）。

A. 发生在从渠道到反馈的过程中

B. 贯穿沟通的全过程

C. 只发生在接收者译码时

D. 只发生在信息发出时

28. 下列对骨干员工与班组长岗位职责区别的描述，不正确的是（　）。

A. 工作对象不同，骨干员工为事，班组长为人、为事

B. 评价标准相同，均以个人业绩为准

C. 职责范围不同，骨干员工为事务，班组长为团队

D. 工作技能不同，骨干员工为做事技巧，班组长为管理技巧

29. 班组长的职业准则明确：班组长应在自己的（　）内做事。

A. 单位范围　　B. 站段范围

C. 职责范围　　D. 职权范围

30. 班组长的行为对班组成员的影响主要体现在（　）方面。

A. 工作效率　　B. 个人喜好

C. 职业心态　　D. 薪资水平

31. 以下对于班组长素质结构三个要素说法不正确的是（　）。

A. 知识是在岗位上发挥作用的基础

B. 技能是知识的提升应用

C. 职业素养主要是指工作态度和职业道德

D. 有了知识和技能，就一定是组织需要的人才

32. 班组长通过（　）明确自己应扮演何种角色。

A. 角色认知　　B. 职业素质

C. 职业定位　　D. 角色转换

33. 班组长的职业准则明确：班组长是上级的代表，其言行是一种（　）。

A. 职责行为　　B. 个人行为

C. 职务行为　　D. 集体行为

34.（　）因素对于养成持续学习习惯最为关键。

A. 智商　　B. 意愿、能力与毅力

C. 职位等级　　D. 社交能力

35. 关于执行力的内涵，下列说法错误的是（　）。

A. 执行力指的是贯彻战略意图、完成预定目标的操作能力

B. 执行力包含完成任务的意愿、完成任务的能力、完成任务的程度

C. 执行力有个人执行力和团队执行力之分

D. 组织中个人执行力强，团体执行力也一定强

36.（　）对障碍（断层）衔接的表述正确。

A. 传统衔接方式是团队和团队之间的直接沟通

B. 现代衔接方式是执行层、管理层、决策层之间的逐级沟通

C. 执行层之间的直接沟通更有利于高效沟通，更容易达成合作

D. 执行层、管理层、决策层之间的逐级沟通更容易化解团队

间的冲突

37. 班组及班组长的（　）能力直接影响着生产的进度、人员的稳定、产品的品质，对企业预期目标的实现有着直接的关系。

A. 沟通　　B. 协调

C. 执行　　D. 创新

38. 有效地与他人共事的能力是指领导者的（　）。

A. 人际技能　　B. 技术技能

C. 知识技能　　D. 概念技能

39. 在提升学习能力的过程中，班组长通过（　）来管理自己。

A. 将所有时间用于学习

B. 仅在工作之余进行学习

C. 制订学习计划，合理分配学习和工作时间

D. 随意安排学习时间，不作任何计划

40. 下列说法中错误的是（　）。

A. 随着各种新技术、新设备应用到生产现场，班组长要通过学习和实践，努力提高管理能力和管理水平

B. 工作环境的改变要求班组长必须持续学习，提高管理能力和管理水平

C. 知识的老化要求班组长必须持续学习，提高管理能力和管理水平

D. 班组长通过学习可以获得知识，自然而然就会获得能力的

提升

41. 班组长在组织管理素质方面要有一定的口头表达能力和（　）。

A. 动手能力　B. 写作能力

C. 政治能力　D. 管理能力

42. 为谈判过程确定基调是在（　）。

A. 准备阶段　B. 开局阶段

C. 正式谈判阶段　D. 签约阶段

43. 追求快速反应，具有结构化风格，习惯于直线型的思维方式，这样的上司类型通常是（　）。

A. 创新型　B. 官僚型

C. 整合型　D. 实干型

44. 沟通者对内容控制的程度最高的是（　）。

A. 告知　B. 说服

C. 征询　D. 参与

45. 以下没有表达出同理心的是（　）。

A. 没想到你受了这么多委屈

B. 这么让人遗憾的事情你怎么没有早点告诉我

C. 这件事情你没有必要不高兴，过去就过去了

46. 小黄所在的团队经常发生冲突。为了改变这种状况，小黄提倡冲突发生时大伙儿应采取（　）的行为方式来解决。

A. 协作　B. 对抗

C. 折中　　　　　　　　　　D. 迁就

47.（　）不是积极领导群众的内容。

A. 如果领导者与广大群众在思想上不一致，行动上不统一，形成“多中心”“多目标”，就会出现“领导喊，群众看”或者“群众干，领导拦”的局面

B. 需要领导与群众相结合

C. 照顾群众关系，并迁就某些落后群众的要求

D. 组织群众、教育群众和带领群众一道前进

48. 小李连续三天迟到 5 分钟，他的上司王师傅不确定是否需要找他谈谈，下列说法不能帮助王师傅想清楚这一问题的是（　）。

A. 小李连续三天迟到，这件事严重吗？他的结论是，这件事对团队的影响还是挺大的

B. 小李和领导的关系如何，和同事关系是否融洽

C. 找他谈话，他就能改变这一行为吗

D. 如果不做这个谈话，后果会是什么

49. 在某次航班上，乘务员小元和小方因为一些小事发生口角，来来回回几句，两人竟然当着旅客的面争吵起来。张乘务长不知怎么办好，大声训斥二人：“别吵了，丢人不丢人！”可两人已经不顾一切，竟然互相推搡起来，倒是在旅客的劝阻下，双方才“停战”。事后小元、小方乃至她们的乘务长都

受到了应有的处理。下列关于张乘务长的说法，不正确的是（　）。

A. 小方说话冲，致使小元“早就有积怨”，导致小方的一句话成为压垮骆驼的最后一根稻草，最后造成无法收拾的场面。说明张乘务长是一个比较失败的管理者，他应该对这一现象早有察觉，并适时疏导

B. 小方、小元当着顾客的面争吵，非常损害企业形象，张乘务长训斥两人，也是为了挽回企业形象，无可厚非

C. 张乘务长当着乘客的面训斥发火中的两人，说明张乘务长管理能力欠缺，没有抓住问题的关键，反而激化了矛盾

D. 张乘务长应深刻反省，加强管理技能的学习，着力改善班组文化建设

50. 从沟通时间看，班组长可以在工作关系状态下和上级领导及班组员工沟通，也可以在非工作关系状态下进行；在工作关系状态下的沟通是正式沟通，在非工作关系状态下的沟通是非正式沟通。下列关于几位班组长的认识或做法，正确的是（　）。

A. 李班长认为：班组长一定要与上级领导保持正式沟通，在工作时间内探讨问题，交换意见，获得指令及指引，乃至获得支持和帮助；但与班组员工的沟通要尽量安排在非工作时间

B. 董班长认为：在工作关系状态下的沟通是正式沟通，正式沟通的方式包括：会议、面谈、工作情况的探讨、报告及文件交流等，电子邮件或手机短信则是典型的非正式沟通方式

C. 张班长认为：非工作时间的沟通适合情感沟通，关心有困难的员工，比如帮年青员工舒缓情绪、帮新员工介绍对象等尽量在非工作时间进行

D. 章班长认为：班组员工及上级领导关系融洽了，工作效率才能更高，因此，正式沟通和非正式沟通同样重要，在时间分布上要各占一半

51. 王师傅是班里资格最老的员工，对班里的各项工作和各个设备了如指掌，并且掌握了许多的操作技巧和技能。班长小张感觉王师傅有时很傲气，甚至不把自己放在眼里，两人的关系比较紧张，尤其是到了发工资时矛盾便会激化。班长总是尽可能保持克制，力争不发生冲突，并且通过岗长来管理，而不直接去批评或表扬王师傅。这样还算相安无事，班组工作也不受什么影响。下列关于张班长的说法，不正确的是（　）。

A. 张班长应开诚布公地和王师傅谈一次，而不是自己去“感觉”

B. 张班长“尽可能保持克制，力争不发生冲突”，这是逃避，

不是一个合格的班长的做法

C. 张班长“通过岗长来管理，而不直接去批评或表扬王师傅”，说明张班长还没有正确理解班组长岗位职责

D. 张班长没有能力管好自己的员工

52. 下列选项中（　）不属于战略管理过程。

A. 战略规划　B. 战略决策

C. 战略执行　D. 战略评估

53. 班组长工作教导的四个阶段：学习准备、（　）、试做、考核成效。

A. 传授工作　B. 学习分解

C. 展开新方法　D. 实施新方法

54.（　）不是沟通的基本要点。

A. 要怀有真诚的心态　B. 对下级保持开放的态度

C. 增加沟通次数　D. 主动创造沟通的良好氛围

55.（　）不属于现代障碍（断层）衔接的特点。

A. 开放　B. 协作

C. 在一个层级间沟通　D. 自我

56. 王师傅做了几十年的班长，现在因为年龄大了退居二线。小杨是前不久调任到这个班的班长，他是公认的业务尖子。一次，班组接了一个新任务，他随即把老王叫来：“王师傅，交给你个任务，这项任务比较艰巨，领导非常重视。”说着反复

向王师傅介绍加工的各种参数，王师傅干这工作都几十年了，对各项程序和内容了如指掌，小杨还不放心地问："听明白了吗？"王师傅笑道："咱文化低，听不懂，麻烦你另请高人吧！"小杨一下子愣在那里，因为他再也找不到更合适的人了。下列关于小杨沟通方式的说法，不正确的是（　）。

A. 小杨说，"王师傅，……"也许他在心里是尊重王师傅的，但是，这样的称呼会让人感觉他对老师傅不够尊敬

B. 小杨沟通能力欠佳，不懂得观察信息接收者的反应

C. 在沟通结束时，信息发出者应说"我讲明白了吗"？而不是"听明白了吗"？这是对信息接收者的尊重

D. 小杨和王师傅非常熟悉了，讲话随便也是正常的

57. 下周的例会上，薛班长要做报告，他专门想着要如何才能抓住听众的心理。以下说法不能使他抓住听众心理的是（　）。

A. 使用 PPT 配合他的陈述

B. 陈述中尽量把声音提高

C. 在陈述过程中，经常提一些具有启发性的问题

D. 在终止一个话题后，做一些时期性的总结

58. 以下关于班组长实施教练式管理的方法中错误的做法是（　）。

A. 在班组会议发言中，让员工多说话、多表达、多分享

B. 在班组日常工作中，当员工遇到问题、困难来找你，班组长要直接告诉其答案

C. 在班组日常管理中，让员工牵头和担责

D. 对于员工的工作、贡献和成就，要及时给予鼓励、赞美和表扬

59.（　）质疑了群体的生产率应至少等于每个群体成员生产率之和的观点。

A. 群体内聚力　　B. “搭便车效应”

C. 群体思维　　D. 地位

60. 班组长愿景激励不当，就会出现“画大饼”的风险。在运用愿景激励时，需要注意（　）。

A. 愿景设置要可行

B. 组织愿景与个人愿景要保持一致

C. 愿景要有措施保障

D. 以上都是

61. 下列关于班组长基本职责说法，正确的是（　）。

A. 生产规划、员工管理

B. 人力资源管理、生产管理

C. 员工培训、团队建设

D. 生产现场管理、班组员工管理

62. 贯彻企业和车间有关专业管理和生产管理的实施细则；落实经济责任制的实施细则；执行各工种的岗位责任制和安全生产责任制；实行本班组所规定的某些制度，属于班组长

的（ ）。

A. 指挥和管理本班组的生产经营活动权

B. 完善制度权

C. 员工奖惩建议权

D. 维护员工合法权益权

63. 下列工作情境中，班组长需要采取命令型的领导方式的是（ ）。

A. 员工工作能力强，工作意愿高

B. 员工工作能力强，工作意愿低

C. 员工工作能力差，工作意愿高

D. 员工工作能力差，工作意愿低

64. 以下不属于班组长心态修炼的是（ ）。

A. 积极的心态 B. 学习的心态

C. 员工的心态 D. 感恩的心态

65. 发现和确认危机征兆后所采取的旨在迅速化解危机，避免危机扩大和升级的实质性措施被称为（ ）。

A. 预防措施 B. 预警措施

C. 预控措施 D. 应急措施

66. 某公司部门经理就员工工作中出现的问题与员工进行沟通，但员工都埋头不说话，这属于沟通障碍中的（ ）。

A. 信息渠道选择不畅 B. 感觉失真

C. 语义问题　　D. 无反馈

67. 沟通的主要障碍有（　）。

A. 语言障碍、知识经验不同的障碍、时间障碍、距离障碍

B. 身体障碍、语言障碍、知识结构障碍、年龄障碍

C. 语言障碍、知识经验不同的障碍、组织结构不合理、沟通方式选择不当

D. 心理障碍、性别障碍、年龄障碍、能力障碍

68. 下列做法，（　）不利于加强情感安全管理。

A. 了解员工的诉求点　　B. 对员工进行家访

C. 与员工家属保持距离　　D. 与员工进行沟通

69. 通过己方的提问，使对方对问题做出证明或理解的发问方式是（　）。

A. 封闭式发问　　B. 证明式发问

C. 诱导式发问　　D. 协商式发问

70. 下列关于组织的说法，正确的是（　）。

A. 很少用公司金融资产进行投机

B. 以短期的目标实现为导向

C. 有明确的目的，具有某种精细的结构

D. 会经历由失误和失败导致的困难时期

71.（　）不是目视管理的作用。

A. 形象直观，有利于提高生产效率

B. 透明度高，有利于员工自主管理

C. 有利于产生良好的心理状态

D. 有利于美观

72. 企业管理中存在的主要问题不包括（　）。

A. 做事凭经验，工作随意性大

B. 工作不注意目的和方法

C. 有干劲，有热情，全身心投入工作

D. 执行力欠缺

73.（　）是新组织而非传统组织的特征。

A. 团队导向　　B. 等级关系

C. 永久性职位　　D. 命令导向

74. 班组长应该具备情绪控制能力主要是为了（　）。

A. 影响下属的工作和自己的评价

B. 管理自己的情绪

C. 影响其他部门的员工

D. 影响上级的工作

75. 班组长在管理多元化的员工队伍时，（　）。

A. 无论员工的文化背景、知识、技能、态度是否相同，都可以使用相同的动机理论

B. 利用工资和奖金待遇的调整来激励员工好好工作

C. 应具有灵活性，根据员工特点采用不同的激励方式

D. 应给予员工具有挑战性的工作，让他们获得不断成长的机会

76. 基本的沟通技巧并不复杂，即做到（ ）。

A. 关注对方　　B. 理解被交流者

C. 引导对方　　D. 认真倾听和正确表达

77. 假设你是总经理，在周末下午下班后，公司某位重要客户给你打来电话，说他购买的设备出了故障，需要紧急更换零部件，而现在公司的全体人员均已下班。以下比较好的做法是（ ）。

A. 告诉客户，因周末找不到人，只好等下周解决，对此表示歉意，并承诺下周一会第一时间给他们解决问题

B. 请值班人员找有关主管人员帮客户解决问题

C. 因为是重要客户的紧急需要，赶忙亲自设法将货送去

D. 亲自打电话找有关主管人员，请他们设法赶忙送货给客户

78. 以下用语作为请示的要求，得体的是（ ）。

A. 请火速批复　　B. 限 7 日内批复

C. 以上请示妥否，请批复　　D. 请一定同意

79. 增进跨班组合作意愿的沟通要点是（ ）。

A. 以目标为导向　　B. 以解决问题为导向

C. 以关系为导向　　D. 以方法为导向

80. 班组长通过（ ）的创造性行为来解决问题。

A. 遵循固定的解决方案　　B. 将不同概念联系起来

C. 依赖他人的建议　　D. 避免接触问题

81. 下列做法中，不利于班组执行力提升的是（　）。

A. 员工执行力的强弱与个人有关，班组长无须发挥带头作用

B. 建立良好的沟通渠道，及时收集并反馈信息

C. 依据工作目标，制定合理的制度与方案，常抓不懈

D. 构建合理的工作流程，明确工作目标，明确员工分工

82. 班组长通过（　）来促进自己和团队的持续学习，以适应快速变化的工作环境。

A. 被动学习

B. 公司提供的培训资源，完成必要的课程学习

C. 建立一个团队知识共享平台，鼓励团队成员分享学习心得和工作经验

D. 鼓励团队成员专注于当前的工作任务，避免分心于非工作相关的学习活动

83. 管理的普遍性意味着（　）。

A. 所有的管理者采取同样的模式

B. 有最好的管理模式

C. 一切组织都需要管理

D. 管理不重要

84. 下列（　）事项不适合用通知来行文。

A. 提拔张三为某车务段副段长

B. 转发国铁集团关于做好站车食品卫生工作的要求给南昌局集团公司所属各单位

C. 要求各单位做好控制年度工资发放工作

D. 对某单位近年来做好青年职工的职业生涯导航工作的回顾

85. “说明你对所要商讨问题的基本看法和需要大家接下来怎么商讨，商讨什么内容，进行细化，并且告知同事”是与同事商讨问题三步法中的（　）。

A. 引子　　B. 主题

C. 延伸　　D. 结尾

86. 说明要汇报的工作名称或要点称为（　）。

A. 引子　　B. 主题

C. 延伸　　D. 总结

87. 下列说法中，（　）不是班组长提升持续学习能力的途径。

A. 将学习和工作明确分开　　B. 共享学习

C. 学习与实践相结合　　D. 反思学习

88. 下列不是学习型班组长特点的是（　）。

A. 学习有目标　　B. 坚持固有的思维模式

C. 学习有“挤劲”　　D. 将学习作为一种习惯

89.（　）在班组不仅是管理者、兄长，更是作业员的贴心人，是他们合法利益的支持者和代表。

A. 班组长　　B. 单位领导

C. 车间主任

90. 运用抽象思维的能力分析问题、解决问题的能力属于（　）。

A. 技术技能　　B. 概念技能

C. 学习技能

91. 林班长的班组刚接了一个比较有挑战性的紧急任务。班组会上，大伙儿积极发言，通过讨论，认可度较高的方案有两个，大伙儿对最终选择哪个方案争辩较大。依照体会以及企业和班组的实际情形，林班长心中差不多选定了一个方案，但部分职员比较认可另一个方案。林班长发觉一时难以说服他们。这时候，他应该（　）。

A. 宣布启用他选定的方案，并告诉不认可该方案的职员，他们的方法确实也有道理，但他们必须做出权衡

B. 组织大伙儿连续讨论，争取讨论出一个所有人都认可的执行方案

C. 宣布启用他选定的方案，让认可这一方案的职员开始工作，把不认可该方案的职员留下，连续说服他们

D. 宣布启用他选定的方案，并告诉不认可该方案的职员，要相信班长比他们考虑问题周全

92. 良好的个性是指（　）。

A. 从来不发脾气

B. 出现冲突时事事忍让

C. 性格柔和，能根据环境调整自己

D. 考虑每个人的需要

93. 班组基础管理包括（ ）。

A. 管理基础、改变习惯、安全第一、定额工作、考核、奖惩等六个方面的内容

B. 信息工作、标准化工作、规章制度制定、定额工作、计量和检测工作、教育培训等六个方面的内容

C. 信息工作、标准化工作、协调、沟通、权变和领导力等六个方面的内容

D. “5S”管理、定置管理、规章制度制定、定额工作、计量和检测工作、教育培训等六个方面的内容

94. 由于（ ），信息接收者对其持有偏见或看法。

A. 信息接收者不自信　　B. 信息接收者形象不佳

C. 信息发送者不自信　　D. 信息发送者形象不佳

95. 娱乐节目中经常会有耳语游戏，它主要利用沟通之间的障碍产生搞笑效果。查找沟通的障碍通常从三个环节入手，下列说法中，（ ）不属于这三个环节。

A. 信息发送者

B. 信息传送方式

C. 信息本身的正确性、科学性

D. 信息接收者

96. 班组长管理（　）是对各类生产用品的管理，其中主要是指对生产资料的提取与作用。

A. 人　　B. 财

C. 信息　　D. 物

97. 班组长需要了解（　）。

A. 新老设备　　B. 新老技术

C. 新老工艺　　D. 以上都是

98. 班组长在面对冲突时，最理想的解决冲突策略模式是（　）。

A. 妥协解决冲突　　B. 回避冲突

C. 协作解决冲突　　D. 竞争式解决冲突

99. “应该做好同上级、平级、下级的沟通，以及内外部关系和矛盾的处理”，指的是班组长的（　）管理职能。

A. 计划　　B. 组织

C. 协调　　D. 控制

100. 下列调节情绪的方法中，（　）属于情绪升华法。

A. 某市在中考开考前，播放一些励志的歌曲

B. 小军参加运动会对自己说：“加油！我最棒！”

C. 小陈因某事感到非常苦闷时，就练练书法

D. 徐悲鸿对于日寇的入侵非常愤慨，创作出《奔马图》

101. 项目的“一次性”的含义是指（　）。

A. 项目的持续时间很短

B. 项目有确定的开始和结束时间

C. 项目将在未来一个不确定的时间结束

D. 项目可以在任何时间取消

102. 班组长的职业准则明确：班组长的职权是来自上级的委托或任命，必须对（　）负责。

A. 同级　B. 上级

C. 下级　D. 全部职工

103. “大河有水小河满”和“小河有水大河干”说明（　）。

A. 管理者和一线员工看问题的角度不同

B. 管理者和一线员工心态不同

C. 系统的结构决定了系统的整体功能

D. 系统的整体功能不等于个体功能之和

104. 以下（　）不属于谈判的目的。

A. 消除分歧　B. 改进关系

C. 吸引关注　D. 谋求共同利益

105. “小张，我一点儿也不同意这种观点，但是，我能理解你，我们的意见出现分歧是有原因的。”小李的这段话并没有得到小张的任何回应，这种情况，小李和小张之间的沟通是（　）。

A. 双向的　B. 有效的

C. 无效的　　　　　　D. 完整的

106. 缺点列举法是属于（　）类型的创新。

A. 有限生有限　　　　　B. 有中生无

C. 无限生无限　　　　　D. 无中生有

107. 谈判过程中，面对批评，正确的做法是（　）。

A. 承认并公开接受合理的意见

B. 针锋相对

C. 无论对错都不理睬

D. 不问原因就道歉

108. 张班长认为班组中存在不由她主导的非正式小团体，不利于班组目标的实现，非正式小团体是非正式组织，所以非正式组织对班组是不利的。她的推断是（　）。

A. 正确的

B. 不正确的

C. 无法判断

D. 不好判断，应视具体情况而定

109. 班组长的工作方式要懂得用人之长，激发职工的积极性，学习古今中外领导人用人的技法。史学家司马迁提出用人标准，（　）不能用。

A. 有德有才的人　　　　B. 有德无才的人

C. 无德无才的人　　　　D. 无德有才的人

110. 健康的心理状态是（ ）。

A. 我是全能的 B. 在某些事情上我是有能力的

C. 我一无是处 D. 以上都不是

111. 在通知中，通知者的名称应标在（ ）。

A. 标题下方 B. 行文开头

C. 文章结尾，日期的上方 D. 文章结尾，日期的下方

112. 班组长提升能力主要学习（ ）。

A. 文化、科学和管理知识 B. 专业、管理和培训知识

C. 文化、科学和培训知识 D. 科学、管理和培训知识

113. 班组长在提升团队成员工作能力方面，不正确的是（ ）。

A. 鼓励团队成员自主学习和成长

B. 关注团队成员的工作结果，不考虑其个人发展

C. 为团队成员提供晋升机会和激励措施

D. 定期组织技能培训和分享会

114. 班组长持续学习的内涵中，学习的目的主要在于（ ）。

A. 累积知识 B. 应用所学知识解决问题

C. 提高个人地位 D. 获得奖励

115. 下列说法正确的是（ ）。

A. 班组长只需要埋头苦干，尽量减少与上级领导的沟通

B. 班组长要无条件地接受领导的所有意见

C. 为了获得领导支持，班组长要经常奉承上级领导

D. 在与领导沟通过程中，班组长要保持真诚的态度

116. (　　) 属于中层管理者对下属的角色定位。

A. 内部客户　　B. 公司代言人

C. 协助者　　D. 激励者

117. 沟通能力的高低直接决定着班组长的工作绩效，下列各位班组长的反应对人际沟通不会造成不良影响的是（　　）。

A. 林班长对新员工小吴说：你知道吗？你用这个借口是因为你受不了责备

B. 李班长受到上级经理的责备，觉得自己委屈，他反驳说：这不是我的问题，我只是个班长

C. 王班长对新员工小张说：请你现在到我办公室来一趟

D. 每当有员工向丁班长反映工作中遇到的困难，希望寻求帮助时，丁班长就会说：别和我说这些，我只要结果

118. “没有完美的个人，只有完美的团队”，是说成熟团队追求的是（　　）。

A. 个人角色突出　　B. 独树一帜

C. 完美领导　　D. 目标一致

119. “用心做事、用情待人”这句话在班组长改善行为模式中意味着（　　）。

A. 仅关注工作任务的完成　　B. 仅关注与班组成员的关系

C. 投入情感和心力来履职　　D. 忽视个人情感

120. 当班组长面临多个重要事项时，应该采取（ ）策略来合理分配时间。

A. 坚持先完成一个再处理另一个

B. 学会拒绝不重要的事项，坚持要事第一

C. 同时处理多个事项，以提高效率

D. 让班组成员自行决定处理顺序

121. 倾听的目的是在各个水平上理解和评价说话者信息的含义，以及任何重要或相关内容的缺失。如果有疑问可以问一些问题来探究说话者的观点和可信度。这样的倾听类型是（ ）。

A. 同理心倾听　　B. 批判性倾听

C. 内容倾听　　D. 同情心倾听

122. 倾听的目的是理解说话者的感受、需要和偏好，以领会他的观点，无论自己是否有相同的想法。这样的倾听类型是（ ）。

A. 内容倾听　　B. 同情心倾听

C. 同理心倾听　　D. 批判性倾听

123. 双向沟通必须包含：说的行为、（ ）和问的行为。

A. 复述的行为　　B. 转达的行为

C. 听的行为　　D. 答的行为

124. 交谈的技巧不包括（ ）。

A. 倾听　　B. 核实

C. 提问　　　　　　　D. 眼神

125. 班组长的自我约束力对于管理的重要性是（　）。

A. 管不好自己就管不好别人

B. 增强工作成功的信心

C. 提高员工的工作效率

D. 培养员工的能力

126. 班组长的指导力主要体现在（　）。

A. 传授必要的知识及方法　B. 指出员工的不足之处

C. 提高员工的工作劲头　　D. 培养员工的工作热情

127. 下列关于班组长存在价值的说法，正确的是（　）。

A. 集合班组成员的力量达成班组绩效

B. 提高班组的业务技能

C. 提高班组成员的管理能力

D. 处理好各种人际关系

128. 影响力是指领导者通过命令、建议、（　）等言语指令和榜样示范等非言语指令引起员工做出预期反应的感召力量。

A. 要求　　　　　　　B. 劝告

C. 提出　　　　　　　D. 告诉

129. 班组长应身体健康、心理健全、远离（　）。

A. 危险职场　　　　　B. 危险环境

C. 特殊环境　　　　　D. 不良嗜好

130. 以下作为通知的标题，正确的是（ ）。

A. 通知

B. 紧急通知

C. 特别通知

D. 南昌车辆段关于 2020 年春运工作安排的通知

131.（ ）可以帮助班组长突破“问题感知障碍”，启发发现问题并找出事物的缺点和不足。

A. 缺点列举法　　B. 检核表法

C. 讨论会法　　D. 实地考察法

132. 下列选项中（ ）不利于班组长在学习型班组中发挥作用。

A. 塑造人格魅力　　B. 扩大自身知识面

C. 探索团队学习方法　　D. 采用固有的学习方法

133. 班组长在履职过程中，面对问题时应该（ ）。

A. 采用固定不变的思维　　B. 逻辑思维和权变思维相结合

C. 随意处理　　D. 只依赖上级指导

134. 班组安全员应协助班组长做好安全台账，做到（ ），确保其真实完整。

A. 及时填写　　B. 字迹清晰

C. 随叫随写

135. 压力与工作效率的关系是（ ）。

A. 反比，压力越大，工作效率越低

B. 正比，压力越大，工作效率越高

C. 随机的，没有关系

D. 倒 U 型曲线，压力适中时，工作效率最高

136. 班组长在（ ）素质方面要有原则性和民主意识。

A. 专业技术　　B. 组织管理

C. 思想政治　　D. 职业道德

137.（ ）是指对事物的分析、认识的方法。

A. 思想意识　　B. 思想方法

C. 思想修养　　D. 思想道德

138.（ ）是指在品德、情操、意志力、自我控制能力等方面的修养。

A. 思想意识　　B. 思想方法

C. 思想修养　　D. 思想道德

139. 张班长在工作时总是把精力放在完成所分配的任务上，对其他事都不太关心，导致班组员工对他很不满。张班长的问题在于他没有注意好（ ）之间的平衡。

A. 工作和维持工作能力　　B. 任务、团队和个人

C. 思考和行动　　D. 工作效果和工作效率

140. 作为班组长，若下属找你汇报工作时讲许多与工作无关的事情，而你此时正有其他下属在等待汇报。在这种情况下，你应该（ ）。

A. 任其讲下去，让其他下属耐心等待

B. 说：“你说得已经够多了，不要再浪费大家的时间了，今天就到此为止吧。”

C. 说：“你这个毛病可真不好，开口千言，离题万里。能不能挑主要问题简要说呢？”

D. 说：“你的意思，我基本了解了，今天先谈到这儿，好吧？”

141. 人际沟通最直接的目的是（　）。

A. 建立人际关系　　B. 维护人际关系

C. 顺利沟通谈话　　D. 为人和谐

142. 检核表法是通过（　）方式来促进创新设想。

A. 提问　　B. 实地考察

C. 数据分析　　D. 试错实验

143. 在给他人提建议的时候，应注意（　）。

A. 简明扼要，突出重点　　B. 想说什么就说什么

C. 书面肯定比口头有用　　D. 语气强势

144. 王班长喜欢将具体的任务交给一个人或一个小组，授予他们充分的职权，让他们作出决定、解决问题，而他只在需要时提供帮助，王班长的领导方式属于（　）。

A. 说服　　B. 参与

C. 授权　　D. 命令

145. 管理班务、处理事务、要把握分寸、合情合理、不说过头话、不办过头事，这是班组长的修养中的（　）。

A. 缜密　　B. 灵活

C. 适度　　D. 豁达

146. 下列（　）是有效沟通的步骤。

A. 事前准备—确认需求—阐述观点—处理异议—共同实施—达成协议

B. 事前准备—阐述观点—确认需求—处理异议—共同实施—达成协议

C. 事前准备—确认需求—阐述观点—处理异议—达成协议—共同实施

D. 确认需求—事前准备—阐述观点—处理异议—达成协议—共同实施

147. 下列关于优秀班组长特征的说法，不正确的是（　）。

A. 理解班组员工的需求和感情

B. 高人一等的专长

C. 事必躬亲

D. 公平、公正对待班组的每一位员工

148. 友善的倾听环境有助于班组长（　）。

A. 限制员工表达意见

B. 提高员工效率

C. 使员工感到受重视并鼓励其表达意见

D. 降低沟通效果

149. 班组长在指导员工进行绩效改善过程中，（　）不属于关键环节。

A. 了解员工，确认任务　B. 厘清目标，完善方案

C. 实施方案，优化推进　D. 将员工的表现向上级汇报

150. 有许多因素会导致一个人压力过度，（　）不属于这一因素。

A. 沟通条件差　B. 不切实际的要求

C. 时间和精力不足　D. 合理规划自己的时刻

151. 沟通失败的原因不包括（　）。

A. 缺乏一定的信息和知识　B. 在沟通过程中没有优先顺序

C. 时间充裕　D. 文化的差距

152.（　）说明在心理健康的情绪指标上出了问题。

A. 会发脾气

B. 经常表达情绪

C. 十年前发生的事还不能释怀

D. 地铁上有人撞了你，你怒目而视

153. 在聆听过程中我们需要“开放心态、开放体态”。下列说法，不属于此列的是（　）。

A. 身体稍有前倾

B. 与对方目光接触 7～10 秒

C. 身体姿势要表明有兴趣听更多

D. 坐累了，可以弯腰驼背，可以走神片刻

154. 马斯洛需求理论所述人的最高层次需求是（　　）。

A. 生理需求　　B. 安全需求

C. 社会需求　　D. 活出生命意义的需求

155. 下列不属于高效沟通基本特点的是（　　）。

A. 互动性　　B. 动态性

C. 社会性　　D. 单向性

156. 作为班组长，在努力使班组成员的发展符合他们需要的同时，还必须确保班组成员的发展与（　　）的目标一致。

A. 企业和班组　　B. 班组长

C. 社会　　D. 家庭

157. 沟通技巧在进行口头语言交流时非常重要，下列说法中（　　）不属于沟通技巧。

A. 善于与交往者建立良好的关系

B. 善于思考

C. 善于聆听

D. 善于把自己的观点传达给对方

158. 技术员小王和小赵在编写某一程序时产生了口角，小王认为自己是对的，小赵也认为自己是对的，在老班长的调解下，他们俩坐在一起就分歧的原因作出了分析，最后两人终于把

程序编写下来，还成了朋友。小王和小张的冲突属于（　）。

A. 不健康的冲突　　B. 过激冲突

C. 人与人之间利益的冲突　　D. 建设性冲突

159. 班组长的管理能力排序依次是（　）。

A. 见识、技术、人际协调能力

B. 技术、见识、人际协调能力

C. 人际协调能力、技术、见识

D. 技术、人际协调能力、见识

160. 每位管理者，不管是高层、中层还是基层，要把工作做好，使自己的工作达到一定的标准和要求，就必须具备一定的技能。下列关于班组长必备技能的说法，最恰当的是（　）。

A. 技术技能和人际技能是最重要的

B. 概括技能是最重要的，决定了他能否走向更高的岗位

C. 人际技能和概括技能是最重要的

D. 技术技能要求更多一些，即对于工具、技术、设备具有足够的专业能力，并能直接解决问题

161. 班组长在履职过程中，为了创造积极的人际关系并调和员工立场与企业立场，需要特别注重（　）的培养。

A. 技术技能　　B. 概念技能

C. 人际技能　　D. 决策技能

162. 海因里希事故因果连锁理论将伤害事故的直接原因确定

为（ ）。

A. 遗传及社会因素

B. 人的缺点

C. 人的不安全行为和物的不安全状态

D. 事故

163. 张昕被任命为班长。但张昕认为自己只懂技术，没有管理才能，担心不能胜任，每天忧心忡忡。李经理发现这一问题后，宽慰他说，管理能力和领导技能不是天生的，需要逐步培养，并决定为其提供支持。下列说法，不可作为李经理的支持策略的是（ ）。

A. 为张昕提供学习的机会，以提高其岗位管理能力

B. 向张昕传授管理心得，帮助他尽快提高管理能力

C. 让张昕不用着急，在工作中慢慢领悟

D. 在张昕遇到棘手的管理问题时，为其支着儿，并为其分析解决之道

164. “头脑风暴”的主要作用是（ ）。

A. 收集信息

B. 制订计划

C. 确定结果和原因之间的关系

D. 分析数据

165. 信息沟通的障碍不包括（ ）。

A. 空间障碍　　B. 时间障碍
C. 区域障碍　　D. 环境障碍

166. 向领导请示与汇报的基本态度不可以（　）。
A. 顺从而不予纠正　　B. 尊重而不吹捧
C. 请示而不依赖　　D. 主动而不越权

167. 在沟通中，“既要收集信息，又要给予信息”指的是沟通的（　）。
A. 随时性　　B. 双向性
C. 情绪性　　D. 互赖性

168. 关于班组长有效沟通的三要素，不包含（　）。
A. 场景　　B. 气氛
C. 情绪　　D. 心态

169.（　）的作用是培养具有良好习惯、遵守规则的员工，提高员工文明礼貌水准，营造企业文化。
A. 整理　　B. 整顿
C. 清洁　　D. 素养

170. 下列选项中不利于班组长提高学习能力的是（　）。
A. 设定学习目标
B. 每天至少保证一个小时的学习时间
C. 轻松安排学习时间
D. 随时关注学习进度

171. 班组长在跨文化团队中促进有效沟通的最佳策略是（　　）。

A. 实施统一的沟通标准，忽略文化差异

B. 促进使用通用语言，减少本地方言的使用

C. 定期组织团队建设活动，增进理解和信任

D. 强制团队成员适应主导文化的沟通方式

172. 以下说法中，（　　）不属于班组长岗位职责。

A. 传话通知，把上级要求原话传达给班组成员，也要把班组员工的要求一字不差地报告给上级

B. 平衡协调，班组长要和兄弟部门保持顺畅的沟通协调，使跨班组工作顺利进行

C. 启下，做好班组的组织管理工作，带领班组员工完成任务，使各项资源充分有效发挥

D. 承上，承担单位职责，达成组织目标，执行上司指示

173. 班组基础管理随着（　　）因素的变化而不断发展和完善。

A. 班组长的个人能力

B. 班组成员的素质

C. 企业组织结构的变化和企业管理水平的提高

D. 企业的地理位置

174. 某企业的员工对健康和安全都具有正确的态度和理念，并持有共同的价值观和行为，这说明该企业具有（　　）。

A. 企业文化　　　　　　B. 最好的员工

C. 企业价值观　　　　D. 健康与安全文化

175. (　　) 是指组织内部上级管理人员向下级人员传达指示、发布命令、通知、通报等的沟通方式。

A. 下行沟通　　　　B. 上行沟通

C. 平行沟通　　　　D. 非正式沟通

176. 由组织举办的征求态度调查或意见座谈会属于 (　　)。

A. 上行沟通　　　　B. 平行沟通

C. 下行沟通　　　　D. 平等沟通

177. 部门之间的沟通属于 (　　)。

A. 上行沟通　　　　B. 斜向沟通

C. 平行沟通　　　　D. 下行沟通

178. 工作指示与工作内容描述属于 (　　)。

A. 平行沟通　　　　B. 下行沟通

C. 上行沟通　　　　D. 组织沟通

179. 有时为了加快信息的传递，财务部的主管会计与等级比他高的销售经理之间需要进行沟通，这就是 (　　)。

A. 上行沟通　　　　B. 下行沟通

C. 平行沟通　　　　D. 斜向沟通

180. 班组长在处理团队冲突时，(　　) 策略更为有效。

A. 强制解决，不顾员工的感受

B. 避免介入，让冲突自行解决

C. 偏袒一方，以维持表面和谐

D. 积极调解，促进双方沟通和理解

181. 下班后刘姐总不能及时回复班组工作微信群里的信息，如果应用组织行为学中角色冲突的理论，班组长的做法是（　）。

A. 踢刘姐出群

B. 给她打电话通知

C. 批评教育

D. 规定统一的群中通知信息时间段

182.（　）不是管理者的职责。

A. 目标的主动提出

B. 组织、指挥

C. 给劳动模范和先进工作者配乐

D. 计划、协调

183. 作为一个卓越的班组长，自我激励的作用主要体现在（　）。

A. 转化压力为动力，增强工作成功的信心

B. 控制下属的工作进度和质量

C. 培养下属的工作能力

D. 传授必要的知识及方法给员工

184. 班组长行为管理的主要目的是（　）。

A. 约束班组成员的行为

B. 提高班组长的个人魅力

C. 培养班组成员的职业习惯

D. 确保班组长的权威

185. 海恩法则强调任何一起事故灾难都是有原因的，预防事故的发生，必须及早（　）。

A. 发现事故征兆　　B. 开展安全大检查

C. 培养安全意识　　D. 分析事故原因

186. 为减少工作单调所带来的乏味感，班组长可以采取（　）的激励方法。

A. 岗位轮换　　B. 工作扩大化

C. 培训　　D. 参与班组管理

187.（　）是区别管理职位和非管理职位的标志之一。

A. 工资金额的多少

B. 是否协调他人的工作

C. 是否从市场拉来更多业务

D. 是否拥有核心技术

188. 思想意识是指符合（　）的观念意识和思维方法。

A. 时代精神　　B. 时代发展

C. 年代特征　　D. 以上都不是

189.（　）属于开放式问题。

A. 今天的课程你有收获吗?

B. 今天的课程你有一点收获还是两点?

C. 你觉得今天的课程感受如何？

D. 今天的课程你觉得好还是不好？

190.（　）不属于作业研究的方法。

A. 认真调查，详细记录现行方法

B. 分析研究记录的事实，寻求新的方法

C. 拟定改进的工作方法

D. 贯彻实行班组制度的工作方法

191. 为了激发员工的内在积极性，一项工作最好授予（　）员工。

A. 能力远远高于任务要求的人

B. 能力远远低于任务要求的人

C. 能力略高于任务要求的人

D. 能力略低于任务要求的人

192. 某团队领导经常为不能定期举行团队会议而苦恼。事实上，从建立团队共同意识的角度考虑，对待团队会议的正确做法应该是（　）。

A. 举行团队会议能够是正式的，也能够是非正式的

B. 必须举行非正式的团队会议

C. 能够不举行团队会议

D. 团队会议必须是正式的

193. 企业的环境是指所有影响企业经营活动的各种内外部因素的

总和，不包括（　）。

A. 外部一般环境　　B. 行业环境和经营环境

C. 内部环境　　D. 资源配置

194. 一个优秀的管理者需要具备四种力，但不包括（　）。

A. 行动力　　B. 执行力

C. 目标力　　D. 学习力

195. 班组长执行能力的提升更多体现在工作任务的完成情况上，（　）是班组长工作的一种重要体现。

A. 工作总结　　B. 日清日高

C. 目标计划　　D. 日事日清

196. 班组长在激励员工时应该注意（　）原则。

A. 虚假夸大　　B. 实事求是

C. 漠不关心　　D. 任意承诺

197.（　）不属于团队间的障碍（断层）。

A. 不合作　　B. 冲突

C. 摩擦　　D. 信任

198. 关于班组长的角色转换，下面说法错误的是（　）。

A. 面对高层管理者，班组长只需要服从领导即可

B. 面对中层管理者，班组长应站在下属的立场，接受指令，同时汇报工作

C. 面对班组成员，班组长应站在代表中、高层管理者的立

场，做好监督管理工作

D. 面对同级人员，班组长应站在合作的立场，做好协同合作

199. 以下关于乔哈里窗描述错误的是（ ）。

A. 开放区是自己知道、别人也知道的信息

B. 隐藏区是自己知道、别人却可能不知道的秘密

C. 盲目区是自己不知道、别人却可能知道的盲点

D. 未知区是自己不知道、别人知道的信息

200. 外围路径指人们不思考沟通中的（ ），而受周边线索情况的影响。

A. 论点 B. 论据

C. 论证 D. 定论

201. 发文年份应标全称，用（ ）括入。

A. 小括号“（ ）” B. 中括号“[ ]”

C. 六角括号“〔 〕” D. 实心方头括号“【 】”

202. 某大型企业人才济济、设备先进齐全，在业内以管理正规有序而闻名。但近年来，该企业业绩严重下滑，管理者和一线员工士气低落，人员的流失率逐年升高。您认为，在下列选项中，该企业最有可能出现了问题的是（ ）。

A. 计划职能 B. 组织职能

C. 领导职能 D. 控制职能

203. 领导者成熟度构成要素，不包括（　）。

A. 领导者的业务水平

B. 领导者的敬业精神

C. 领导者的心理承担能力

D. 领导者在领导岗位的工作年限

204. 工作管理是管理者的一项重要的管理技能，我们又把它称为（　）。

A. 影响力　　B. 执行力

C. 领导力　　D. 以上都不是

205. 在管理的基本职能中，居于首位的是（　）。

A. 计划　　B. 组织

C. 领导　　D. 控制

206.（　）不属于阐明观点的“六步法”。

A. 引子　　B. 说明主题

C. 练习　　D. 重申主题

207. 谈判是一种满足谈判主体需求的活动，这反映了谈判的（　）。

A. 主体性特征　　B. 冲突性特征

C. 利益性特征　　D. 人际性特征

208. 下列（　）不属于沟通过程中传递的因素。

A. 信息　　B. 情感

C. 利益　　D. 思想

209. 夏琳在接待客户时，接到李经理电话，“尽快到办公室来见我”。一个多小时后，夏琳送走客户，赶快走向李经理办公室。经理问：“你怎么现在才来？”从有效沟通的角度分析，下列关于李经理的说法正确的是（　）。

A. 李经理犯了表达含混不清的错误

B. 李经理已经表达得很清楚了

C. 李经理和夏琳的沟通，主要责任在夏琳

D. 李经理和夏琳的电话，是一个成功的沟通

210. 对（　）沟通而言，空间距离的远近影响信息的清晰度。

A. 电话　　B. 网络

C. 口头　　D. 书面

211. 班组长在处理班组冲突时，首先需要（　）。

A. 快速作出决策，解决冲突

B. 忽视冲突，等待其自行解决

C. 控制情绪，保持清醒，识别冲突的性质

D. 立即采取惩罚措施，以儆效尤

212.（　）不属于管理职能。

A. 计划　　B. 组织

C. 控制　　D. 激励

213. 下列不属于与他人沟通常见的问题的是（　）。

A. 身体紧张　　B. 讲话超时

C. 恐高心理　　D. 开头结尾不够干脆

214. 假设小李加入您所在班组已一年有余，他工作积极、能动性强，进步明显，作为班组长，您认为应该（　），才能更好地促进他的发展。

A. 询问他打算如何进一步提高

B. 不加干涉，相信他能够不断提高自己的绩效

C. 肯定他及他的工作，辅导他制定职业发展规划，并告诉他如何进一步提高自己

D. 直接告诉他具体的工作方法和工作程序

215. 在考核面谈中，考核者应注意的事项不包括（　）。

A. 考核者应与雇员坦诚相见

B. 考核者应尽量掌握员工“诚实”的回答，取得他们的信任

C. 考核者对雇员的评价长期有效

D. 考核者在与雇员面谈中应摘出要点，将要谈的重要问题谈透彻

216. 班组长的领导方式没有好坏之分，关键是（　）。

A. 看它是否代表领导层的意思

B. 看它是否代表班组成员的利益

C. 看它是否适合班组当前的情况和发展

D. 看它是否得到班组员工的欢迎

217. 一个好的上级管理者，首先要以身作则，对这个“则”的理解不正确的是（　）。

A. 认真负责　　B. 敬业精神

C. 开拓能力　　D. 道貌岸然

218. 班组长是企业（　）的组织管理者。

A. 中层　　B. 最基层

C. 决策层　　D. 规划制定

219. 当面对违章指挥时，班组长应该（　）。

A. 无条件执行命令　　B. 与上级协商后再决定

C. 拒绝并制止违章作业　　D. 让班组成员自行决定

220. 某些行业形成完全垄断市场的主要原因是（　）。

A. 对自然资源的垄断　　B. 政府规定的垄断

C. 竞争结果所形成的垄断　　D. 以上都是

221. “众人拾柴火焰高”这句话在行为管理中意味着（　）。

A. 团队合作的重要性　　B. 个人努力的重要性

C. 竞争的积极作用　　D. 领导的决策能力

222. 班组长在领导班组时，（　）不是其应该具备的能力。

A. 组织协调能力　　B. 决策创新能力

C. 精通所有生产技能　　D. 激励应变能力

223. 以下不是上行沟通的形式的是（　）。

A. 通知性质的会议　　　　B. 员工座谈

C. 经理信箱　　　　　　　D. 意见反馈系统

224. 小王最近感觉工作非常多，他的工作经常无法在正常的上班时间内完成，心情异常烦躁，他甚至时常感到头疼。小王的这种情况属于压力过度，下列建议对他缓解这一境况没有帮助的是（　）。

A. 定期的运动　　　　　　B. 保持工作之外的兴趣

C. 进行适当的社交活动　　D. 把工作拿回家做

225. 下列措施中，（　）不是应对“极端的观众质问”的方法。

A. 提高自信，自己比质问者更强大

B. 礼貌提醒这些极端质问者，他们只能在演讲结束之后才能发表意见或者向你提问

C. 谨慎地使用幽默语言控制现场

D. 缩短演讲时间，迅速进入游戏环节

226. 掌握讲故事的要点，学会讲故事，能提高沟通效果。下列关于沟通过程如何讲故事的说法，不正确的是（　）。

A. 讲的故事要与主题相关

B. 故事不要太长、要简略适当

C. 尽量用真实的人名

D. 故事背后的道理让听众自己体会即可，不需要提炼出来

227. 班组长持续学习能力的内涵中，学习的过程需要结合（　）。

A. 理论学习和实践学习　　B. 仅限于实践学习

C. 仅限于理论学习　　D. 不需要实践

228. 向新员工介绍本公司情况和岗位职责的迎新面谈属于（　）。

A. 信息收集面谈　　B. 信息发布面谈

C. 解决问题面谈　　D. 答评面谈

229. 班组外部沟通的终极目标是（　）。

A. 认识外部的沟通

B. 掌握跨团队沟通技巧

C. 解决跨团队冲突，促成合作共赢

D. 了解沟通的重要性

230. 下列说法属于开放式问题的是（　）。

A. 他说的观点对不对？　　B. 对于这个问题您怎么看？

C. 这个计划可行吗？　　D. 今天天气好吗？

231. 以下不属于教练式班组长特点的是（　）。

A. 教练式班组长应该是“我说你听”

B. 教练式班组长应该是“我问你思”

C. 教练式班组长应该是“你做我教”

D. 教练式班组长应该是“你做我赞”

232.（　）是讲话的主要部分，由于内容较多，可以在这部分中进行分层，使说话层次分明清楚，便于听众领会掌握。

A. 开头　　B. 主述

C. 预告 D. 结尾

233. 关于事业心强的专业人员，最关键的鼓舞因素是（ ）。

A. 较优厚的工资待遇 B. 较高的职位权力

C. 较多的旅行机会 D. 富有挑战性的工作

234. 沟通的两个基本原则是（ ）。

A. 目标关注与角色定位 B. 没有利益冲突与角色定位

C. 角色定位与地位平等 D. 地位平等与目标关注

235. 班组长具有预见或及时发现问题，正确分析、处理各种矛盾的能力是（ ）。

A. 目标管理能力 B. 解决突发问题的能力

C. 交流与交际的能力 D. 归纳和总结能力

236. 班组长能够透过现象看本质，发现、了解问题的能力是（ ）。

A. 交流与交际的能力 B. 解决突发问题的能力

C. 自我控制和约束能力 D. 归纳和总结能力

237. 沟通就是一种人际关系。沟通的最终目的是达成共识，所以（ ）是沟通的基础。

A. 组织职能 B. 信息

C. 交流 D. 目标

238. 谈判中基本上决定了以后的谈判方向和形式，至关重要的阶段是（ ）。

A. 开局阶段 B. 报价阶段

C. 交锋阶段　　D. 签约阶段

239. 班组长在现场中起到关键的作用，以下不属于班组长工作职责的是（　）。

A. 提高产品质量　　B. 生产现场管理

C. 降低生产成本　　D. 开工单

240. 以下有关决策模式的叙述中，（　）属于理性决策模式。

A. 直觉决策模式　　B. 领导决策模式

C. 渐进决策模式　　D. 精英决策模式

241.（　）不属于管理者的六项基本功之一。

A. 建立目标机制　　B. 建立反馈机制

C. 建立联动机制　　D. 建立投入机制

242.（　）不是沟通的目的。

A. 说明事物　　B. 表达感情

C. 建立关系　　D. 展现自我风采

243. 班组长进行时间管理的主要目的是（　）。

A. 提高工作效率　　B. 增加工作时长

C. 减少个人休息时间　　D. 避免与同事沟通

244. 下列说法，（　）不能帮助管理者降低认识偏差。

A. 评估、反思自己的想法

B. 自我批驳自己的想法

C. 检查“自我对话”

D. 提高自信心，坚信自己的判断能力

245. 班组长要树立自身的威信，首先要坚持自我，要有信心，其次要实事求是，以事实为根基，还要（　），也必须精通业务和主动承担职工工作失误的责任。

A. 胆大心细　　B. 以身作则

C. 坚定信念　　D. 与时俱进

246. 下列说法不利于班组长建立良好的班组关系的是（　）。

A. 良好的心态

B. 尊重班组员工

C. 坚持己见，绝不通融

D. 站在班组乃至企业的角度考虑问题

247. 有这样一个故事，说一个农夫在耕地的时候农具坏了。计划先借用一下邻居的农具。在去邻居家的路上他一直想“也许邻居自己也要用农具，他肯定不会借我”“他绝不会帮我的，他为什么要帮我？”“他也许根本不喜欢我”。最后，他决定放弃向邻居借农具。这个故事说明农夫（　）。

A. 不能主动说出自己的需求

B. 采用了一种积极的自我暗示

C. 假设一切顺其自然

D. 事先预料到了将会出现的困难

248. 班组长在组织管理素质方面应善于观察分析职工的（　）。

A. 思想状况　　B. 工作状况

C. 家庭状况　　D. 政治状况

249. 小郑是一个比较爱学习的人，然而他周围的同事并不像他那样喜爱学习。同事们看到他经常向别的师傅请教，总爱说他几句，小郑为此感到十分苦恼。我们能够看出（　）成为阻碍小郑学习积极性的要紧因素。

A. 环境　　B. 能力

C. 家庭　　D. 工作

250. 下列关于正式和非正式组织的表述，正确的是（　）。

A. 既然有非正式组织，班组长就不应让正式组织存在

B. 班组中的非正式组织和正式组织可能存在合作关系，也可能存在竞争关系

C. 既然有正式组织，就不应该存在非正式组织

D. 在管理中，班组长最好忽视非正式组织的作用

251. 班组开展劳动竞赛活动的成功与否，描述最为准确的是（　）。

A. 完全取决于班组长的主观意愿

B. 客观环境因素是决定性的

C. 既取决于班组长的意愿，也受到客观环境的制约

D. 与班组长的意愿无关，只受客观环境影响

252. 员工看到的企业内部变化通常是由（　）引发的。

A. 企业内部结构变化　　B. 企业重组

C. 技术进步　　D. 外部因素

253.（　）属于提升员工技能的方式之一。

A. 轮换岗位　　B. 明确职责

C. 技能培训　　D. 规范作业

254. 管理的基本环节是（　）。

A. 领导、决策、组织、协调

B. 目标设定、执行计划、检查评估、提升

C. 计划、组织、协调、监督、控制

D. 调查、策划、实施、评估

255. 集团公司提出的“双创”活动是指大众创新、（　）。

A. 人人创效　　B. 全员创效

C. 集体创效　　D. 单位创效

256.（　）不属于日常领导者的 6P 特质。

A. 远见　　B. 热情

C. 集权　　D. 用人

257. 班组长在批评员工时，下列做法错误的是（　）。

A. 班组长在对员工批评之前，要对客观事实进行全方位的调查

B. 在批评之前，班组长要倾听组员对事件的解释

C. 即使员工认识到自己的错误，班组长也要继续批评，以

加深其印象

D. 班组长在批评时，要保持理性

258. (　　) 不属于沟通过程必须具备的三要素。

A. 一个明确的目标　　B. 达成共识的协议

C. 共享的过程　　D. 沟通的信息、思想和情感

259. 进行沟通时，可以采取一系列沟通措施，采取合适的表达技巧，选择恰当的沟通策略或方式。这体现了有效沟通的(　　) 原则。

A. 准确性　　B. 完整性

C. 及时性　　D. 策略性

260. 对于事态紧急的事件，要及时表达出自己的观点和态度，避免事态升级。这体现了有效沟通的(　　) 原则。

A. 准确性　　B. 完整性

C. 及时性　　D. 策略性

261. 班组长在沟通时，(　　) 能够有效提高员工的参与度和工作积极性。

A. 与表现优秀的员工交流

B. 在沟通中保持距离

C. 及时回应员工的请求和问题

D. 自己多表达观点

262. 在企业中有效沟通的作用有(　　)。

A. 解决矛盾　　B. 明确目标

C. 激励员工　　D. 以上都是

263. 班组长根据班组每一位人员的特点进行任务的分解，发挥全体人员的能力，这是班组长的（　）能力。

A. 目标管理　　B. 组织

C. 激励　　D. 指导员工

264. 班组在进行有效的沟通过程中，应该注意尊重团队间的个性差异，同时探讨如何处理好团队间的合作与竞争的关系。其适用对象是（　）。

A. 内训师　　B. 班组长

C. 基层生产员工　　D. 以上都不是

265. 关于班组长的角色定位，以下定位错误的是（　）。

A. 技术带头人　　B. 培训教练

C. 基层管理者　　D. 中层管理者

266. 那些负责对整个组织作决策，并为整个组织制订计划和目标的人员应该被定义为（　）。

A. 高层管理者　　B. 中层管理者

C. 基层管理者　　D. 非管理者雇员

267. 一位管理者说他在单位的主要职责是给研发人员分派具体的工作任务，并指挥和监督各项具体任务的完成情况。由此可推断，这位管理者是（　）。

A. 高层管理人员　　B. 中层管理人员

C. 基层管理人员　　D. 无法推断

268. 很多大型企业，管理机构庞大，人浮于事，虽然时常提出改革措施，但收效甚微，主要原因可能是（　）。

A. 领导责任心弱，不愿为组织承担责任

B. 管理制度、机制不健全

C. 机构臃肿，责权不明

D. 领导群体的能力不行

269. 工班长要熟悉本班组各岗位的操作规程，组织开展（　）互学活动。

A. 互动　　B. 互帮

C. 互联　　D. 互惠

270. 独裁主义气氛比较浓厚的班组中，信息沟通的主要方式可能是（　）。

A. 自上而下　　B. 自下而上

C. 横向交叉　　D. 非正式沟通

271. 下列关于班组长领导效能的说法，正确的是（　）。

A. 耗费较小的心力，取得较大的执行效果，说明领导效能较高

B. 耗费较小的心力，取得较大的执行效果，说明领导效能较低

C. 耗费较小的心力，取得较小的执行效果，说明领导效能较高

D. 耗费较大的心力，取得较大的执行效果，说明领导效能较高

272. 书写公文中的成文日期应使用（　）。

A. 阿拉伯数字　B. 汉字

C. 汉字大写　D. 汉字与阿拉伯数字

273. 新上任的刘车长，重新布置了宿营车中的装饰及住宿要求，让车更温馨、更整洁，刘车长是想用（　）改善车班绩效。

A. 首因效应　B. 启动效应

C. 光环效应　D. 近因效应

274. 班组长应具备管理班组的工作能力属于班组长应具备的（　）。

A. 技术素质　B. 思想素质

C. 管理素质　D. 创新素质

275. 在班组六大员中，班组长要（　）。

A. 懂管理和懂技术　B. 进行过程抽检和巡检工作

C. 管理设备　D. 管理员工的生活和纪律

276. 班组长在组织管理素质方面应懂得一定的现代科学（　）。

A. 管理方法　B. 管理技术

C. 管理理念　D. 管理流程

277. 下列关于管理的理解，正确的是（ ）。

A. 管理职能包括计划、组织、领导和控制，它们是相互独立的活动

B. 管理活动是一个循环往复、螺旋式上升的过程

C. 管理和领导的实质是一样的

D. 管理的实质就是把人管住

278. 从企业纵向结构层来看，班组长处于（ ）。

A. 决策层 B. 经营层

C. 管理层 D. 执行层

279. 管理使事情规范，领导要研究（ ）。

A. 量变 B. 权变

C. 管理

280. 班组长作为企业最基层的组织者和管理者，既要直接参加劳动，又要指挥全班组的生产，完成全班组的（ ）。

A. 计划 B. 任务

C. 管理

281. 倾听各种观点、广泛征求班组成员意见，表明班组长（ ）。

A. 控制班组成员 B. 尊重班组成员自我意识

C. 关心班组成员个性 D. 监督班组成员

282. 小王的班组长总是安排时间和他沟通，去年班长知道他的孩子逃学，专门让他请假到学校去，后来还关心地问孩子怎样

了，并对孩子取得学习上的进步表示高兴。这种班组长属于（ ）型的领导。

A. 爱管闲事　　B. 重视班组生活

C. 顾问　　D. 干涉他人生活

283. 那些即使充分提供也不会使顾客感到特别兴奋和满意，一旦不足就会引起强烈不满的质量特性是（ ）。

A. 魅力特性　　B. 必须特性

C. 固有特性　　D. 赋予特性

284. 理查德·毛斯说："你可以给予别人的最好的礼物，就是你全心全意地给予别人关注。"在与他人交流时，应给予别人关注。下列关于给予别人关注的方法，不合适的是（ ）。

A. 有目的地倾听

B. 在谈话时紧紧盯住对方的眼睛

C. 鼓励说话者继续说下去

D. 用脑子想，用心去听

285. 下列选项中不属于班组长权限的是（ ）。

A. 员工调配权

B. 本班组的绝对指挥和管理权

C. 购买设备权

D. 合理化建议权

286. 沟通的目的是人们在沟通中首先要考虑的因素，下列关于沟通目的的说法，不正确的是（　　）。

A. 人们在进行沟通交流时经常希望达到多种目的

B. 沟通的方式方法和沟通的目的没有太大关系

C. 沟通必须有明确目的，这是使沟通有效的基础

D. 当沟通目的不止一个时，需要确定最主要的目的是什么

287. 班组长应该根据员工的（　　）来采取不同的激励方式。

A. 背景　　B. 性格

C. 功过　　D. 意愿

288. 班组长在组织管理素质方面能定期召开班组会，分析研究工作，写出（　　）。

A. 车间建议　　B. 班组问题

C. 工作总结　　D. 工作汇报

289. 团队的个性化差异主要体现在共同的价值观与（　　）两方面。

A. 兴趣爱好　　B. 行为模式

C. 工作区域　　D. 领导

290. 如果你在班组成员取得成绩的时候表扬他们，将更能激发员工的积极性，加强班组凝聚力，在（　　）赞扬班组员工。

A. 私下里

B. 会议上

C. 工作场合，包括在其他班组面前或在上级领导面前等

D. 以上都是

291. 下列做法中，（ ）不利于班组长个人执行力的提升。

A. 调整心态，正视压力，找到合适的工作方式加强学习

B. 端正工作态度，摒弃惰性，培养自己的自觉习惯

C. 更新观念，努力提高业务能力和办事效率

D. 采用集权管理，全权负责班组事务，尽量减少授权

292. 企业变革需要时间，在这个过程中，班组长应（ ）。

A. 等待时间，坐观其变

B. 发展自己的核心竞争力

C. 跟着政府的政策走

D. 审视企业的外部因素，抓住机遇

293. 班组长运用权变思维方式解决问题的核心是（ ）。

A. 快速解决问题　　B. 遵循固定的管理模式

C. 根据具体情况灵活应变　　D. 依赖上级的决策处理问题

294. 当班组长面临安全隐患与生产任务冲突时，应该（ ）。

A. 优先考虑生产任务　　B. 优先考虑安全隐患

C. 根据个人经验决定　　D. 以上都是

295. 马班长的工作量很大，每天都要加班到很晚，因此他决定给他下属的几个小组长更多的授权，下列说法不正确的是（ ）。

A. 对授权过的工作无论怎样都不宜再过问

B. 根据任务挑选合适的人进行授权

C. 给予自主权，确保下属获得完成任务所需的权力和资源

D. 马班长必须明确授权的目的，授权不是转嫁责任

296. 倾听各种观点、广泛征求班组成员意见，说明班组长对班组成员的（　）。

A. 操纵　　B. 个人价值的尊重

C. 个性的关怀　　D. 监督

297. 领导“三个蝴蝶”效应中“谋”指的是（　）。

A. 行为规范　　B. 价值观

C. 格局

298. 班组长在培训新员工时，（　）的技能最重要。

A. 教学能力　　B. 技术专长

C. 高压管理　　D. 自我牺牲精神

299. 随着信息技术在企业中的广泛运用，企业结构将有可能变得（　）。

A. 扁平　　B. 高耸

C. 高度集权化　　D. 不能定论

300. 建筑监理到工地跟工人进行交谈的时候噪声很大，这属于沟通障碍中的（　）。

A. 语义问题　　B. 环境混乱

C. 感觉失真　　D. 地位差异

301. 关于管理者应具备的管理技能，（ ）表述不正确。

A. 管理者需要具备三种技能：技术技能、人际技能、概念技能

B. 中高层管理者应重点培养自己的人际技能和概念技能

C. 概念技能就是运用抽象思维与组织内外的人打交道的能力

D. 基层管理者需要具备较高的技术技能和人际技能

302. 以下各种情绪调适方式中，属于认知改变法的是（ ）。

A. 改变注意焦点，分散注意力

B. 自我解嘲，自我安慰

C. 改变对人、对事的想法和态度

D. 改变环境，为免触景生情

303. 下列不属于影响人际关系的因素的是（ ）。

A. 空间距离

B. 个性品质

C. 富贵贫贱

D. 交往频率

304. 以下关于班组长职责的表述，错误的是（ ）。

A. 负责向班组成员传达上级的指示精神和工作部署

B. 负责向上级领导请示、汇报班组工作

C. 负责指挥班组成员高效率地完成车间下达的各项任务

D. 负责班组成员的日常管理，班组成员的考核工作交由人力资源部门完成

305. 班组长在生产管理中，（　）不是其核心职责。

A. 制定执行生产计划和目标

B. 监督生产进度并确保产品质量

C. 负责团队成员的日常培训和考核

D. 直接参与产品研发和技术创新

306. 班组长面对执行层是管理者，面对下属则是领导者和（　），也是教练。

A. 指挥者　　B. 年长者

C. 辅助者　　D. 执行者

307. 管理者应具备的职业素养不包括（　）。

A. 敬业奉献　　B. 勤俭自强

C. 服从安排　　D. 心理健康

308. 班组长通过布告栏公布班组的信息，运用的是沟通当中的（　）。

A. 口头形式　　B. 书面形式

C. 非语言形式　　D. 电子媒介形式

309. 班组长工作辛辛苦苦，但有些人的工作效率却不佳，不是他们不努力，关键的问题就出在（　）上，是缺乏创造性造成的。

A. 责任心　　B. 态度

C. 方法　　D. 业务

E. 担当

310. 沟通技能包括员工口语表达能力、书面表达能力以及（ ）。

A. 写作能力　　B. 复述能力

C. 反馈能力　　D. 倾听能力

311. 提高语言表达能力可以帮助班组长更好地开展工作，做到有效沟通，确定沟通是否有效的环节是（ ）。

A. 信息发出　　B. 信息接收

C. 反馈　　D. 传递信息

312.（ ）是一个民族进步的灵魂，是一个国家兴旺发达的不竭动力。

A. 创新　　B. 改革

C. 发展　　D. 进取

313. 李明是一个善于思考和回顾的人，他通常将学到的知识、得出的结论以及结论的应用这三者结合在一起回顾，这样就将学习经验转化为了（ ）。

A. 应用　　B. 体验

C. 发展　　D. 结论

314. 在发送信息的时候，不需要注意（ ）。

A. 发送原因（Why）　　B. 信息内容（What）

C. 发送信息位置（Where）　　D. 信息发送方式（How）

315. 在单向沟通和双向沟通的对比中，（ ）属于单向沟通的特点。

A. 接收信息的人更有信心

B. 速度较慢，但是更准确

C. 发送信息的人不会受到攻击

D. 双方都要参与，相互反馈

316. 从企业管理结构来说，班组长是企业最基层的（　）。

A. 执行者　　B. 倡导者

C. 发起者　　D. 管理者

317. 决断风格包括（　）。

A. 定向型、黏液型、冒险型、行为型

B. 定向型、分析型、概念型、行为型

C. 多血型、抑郁型、冒险型、质疑型

D. 简单型、冲动型、概念型、分析型

318. 下列关于班组长在激励过程中需要遵循的原则，错误的是（　）。

A. 班组长要实事求是，根据事情本身激励员工

B. 班组长可以不遵循相关制度，灵活地进行激励

C. 对集体进行奖励时，不能搞平均主义

D. 对员工的激励要随时、及时发生

319.（　）不适合进行辅导。

A. 对方请你给予建议、帮助、支持时

B. 对方对自己的能力没有把握时

C. 对方工作非常忙时

D. 对方感到挫折或迷惘时

320.（　）不属于班组长的职责。

A. 事务管理　　B. 生产管理

C. 战略规划　　D. 辅助上级

321. 在激励的过程中，要注意把握人行为的三个阶段，处理好其中人与组织的关系。需首先完成的是（　）。

A. 需要阶段的矫正与调整　　B. 动机阶段的强化和引导

C. 督导阶段的检查与实施　　D. 行动阶段的督促和帮助

322. 挫折是指个体愿望遭受阻碍之后所引起的（　）变化。

A. 个体行为　　B. 心理行为

C. 动作行为　　D. 思想行为

323. 以下不是沟通的非语言形式的是（　）。

A. 音调　　B. 语气

C. 动作　　D. 书面

324. 班组长的领导方式可以影响班组的激励水平，优秀的班组长通常都具有较高的激励技巧。下列说法中，不正确的是（　）。

A. 马班长在要求员工时总是以身作则

B. 李班长对工作充满热情，并用自己的热情去感染员工

C. 丁班长觉得自己可以没有激情，但团队成员必须充满激情

D. 张班长非常信任自己的下属，努力提供条件帮助他们完成任务

325. 以下不是下行沟通形式的是（　）。

A. 通知性质会议　　B. 文件下发意见反馈系统

C. 闭路电讯系统　　D. 新闻广播

326. 在管理工作中，激励可以被定义为（　）。

A. 限制员工行为的过程　　B. 贬低员工积极性的过程

C. 调动人的积极性的过程　　D. 忽视员工需求的过程

327. 所谓（　）是指在正式沟通渠道之外的信息传递与交流。

A. 口头沟通　　B. 非正式沟通

C. 电话沟通　　D. 书面沟通

328. 某组员的工作能力不是很强，工作的态度也不是很积极，那么他的班组长应该对他采取（　）的领导方式。

A. 低指令低支持　　B. 高指令高支持

C. 低指令高支持　　D. 高指令低支持

329. “不因后进而匿善，不以先进而过奖”，这句话体现了（　）的基本原则。

A. 客观　　B. 真诚

C. 得体　　D. 公正

330. 以下对同理心的表述正确的是（　）。

A. 当你表达同理心时，意味着你完全同意对方的观点

B. 当你表达同理心时，意味着你确信与对方有着相同的经历

C. 当你表达同理心时，要站在对方的角度设身处地地摸索问题

D. 当你表达同理心时，说明你确定对方一定能认同你的观点

331. 对主管人员来说，班组长是执行主管人员下达的命令和决定的人，是主管人员和作业人员之间的桥梁。同时，班组长处于各种关系的交会点，要协调上下级之间、班组之间、班组成员之间的关系，化解矛盾，促进各方面关系的和谐。这说的是班组长的（　）角色。

A. 责任者　　B. 桥梁

C. 带头人　　D. 同事

332.（　）是谈判过程的中心环节。

A. 准备阶段　　B. 摸底阶段

C. 磋商阶段　　D. 结束阶段

333. 沟通的三大基本原则不包括（　）。

A. 准确完整　　B. 迅速高效

C. 辞藻华丽　　D. 简单易懂

334. 班组长的基本素质应具备政治、思想道德、文化科学、技术业务、心理和身体素质以及（　）。

A. 管理素质　B. 精神境界

C. 处事为人　D. 工作态度

335. “企业依存于客户，因此应当理解客户当前和将来的需求，充分满足客户的需求，并极力设法超越客户的期望。”这句话反映了 ISO 质量管理原则中的（　）。

A. 领导作用　B. 以客户为中心

C. 持续改进　D. 全面参与

336. 持续学习对班组长个人的价值体现在（　）。

A. 保持不变　B. 拒绝改变

C. 持续成长　D. 停滞不前

337. 班组长的权力不包括（　）。

A. 决策权　B. 奖励权

C. 惩罚权　D. 法定权力

338. 如果在班组成员取得成绩时认可他们，将更能激发员工的积极性，加强班组凝聚力。下列说法中不能让员工感觉到被认可的是（　）。

A. 李班长说：“小张，你专业能力确实很强，但是你这个人实在太散漫了”

B. 张班长说：“小王，你敬业认真，所以什么事交到你手里，我都放心”

C. 陈班长说：“小谢，这个项目你做得太圆满了，你准备准备，下周一班会，给大家介绍下经验”

D. 许班长说：“王工啊，你们小组的绩效考核做得真是太好了”

339. 下列说法，会制约企业长期发展的是（ ）。

A. 企业人才队伍的综合能力和主观能动性

B. 现金流的大小

C. 产品所处的生命周期阶段

D. 组织结构合理与否

340. 班组长在组织管理素质方面应具有（ ）的能力。

A. 执行班组各项管理制度 B. 制定班组各项管理制度

C. 产品核算 D. 以上都不是

341. 决策就是选择，渗透在管理的所有职能中。（ ）不属于管理决策过程。

A. 确定目标 B. 明确问题

C. 查明原因 D. 设计组织

342. 以下关于领导方式的说法，正确的是（ ）。

A. 命令是最好的领导方式

B. 说服是相对比较人性化的领导方式

C. 采纳参与的领导方式能够树立班组长的威信

D. 班组长要对授权给职员的任务进行过程监控

343. 班组长管理（ ）即对生产进度方面的信息、上级下达的指标、下级向上级反馈的意见和建议等。

A. 信息　　B. 人

C. 财　　D. 物

344. 班组长管理（ ）即按照完成工作任务的轻重缓急及主次，从时间上来进行科学划分和管理。

A. 财　　B. 时间

C. 信息　　D. 物

345. 技术技能对（ ）最重要。

A. 班组长层面基层管理者　　B. 中层管理者

C. 部门经理级管理者　　D. 总经理管理者

346. 下列关于管理者沟通的说法，正确的是（ ）。

A. 认真对诱发事件进行思考

B. 不检验自己的想法

C. 不确认他人的说法

D. 不考虑沟通渠道、方法、时机

347. 小王是马班长班组里的一员，马班长发觉小王对自己的工作内容不能很好地把握，经常出错，又不愿通过主动学习和努力来补偿自己的缺陷。针对小王这种状况，马班长应以小王处于（ ）的状态，来决定其领导方式。

A. 不能胜任但情愿　B. 能够胜任但不情愿

C. 不能胜任同时不情愿　D. 能够胜任同时情愿

348. 不属于造成沟通困难因素的是（　）。

A. 缺乏自信，因为知识和信息掌握不够

B. 重点强调不足或条理不清

C. 不能积极聆听，有偏见，先入为主，判断错误

D. 多聆听，多思考，耐心跟对方沟通

349. 班组长对待企业使命的态度是（　）。

A. 无条件接受

B. 事不关己，高高挂起

C. 不仅自己充分理解，还要把它传递给员工

D. 自己一个人承担

350. 企业对老员工进行情感管理，（　）是最有效的策略。

A. 专人负责辅导　B. 充分尊重其价值

C. 表示挽留　D. 屡屡提薪

351. （　）不属于信息发送者的障碍。

A. 目的不明确　B. 过程不简单

C. 表达不清晰　D. 形式不妥当

352. 班组长在解决问题时，（　）最符合有效决策原则。

A. 依赖直觉　B. 掌握数据和事实

C. 避免冲突　D. 过度关注细节

353. 工作中有三种时间，它们是作业时间、多余时间和（　）。

A. 无效时间　　B. 精细时间

C. 必须时间　　D. 等待时间

354. 张明是一位有个性的领导者，他的领导方式多是由于他自己的性格和独特的处世方式而形成的，但是他进入另外一家公司就职后，发现以前的领导方式根本不起作用，他必须换一种截然相反的方式进行管理。张明的这种领导方式的变化主要是由（　）引起的。

A. 个性　　B. 环境

C. 背景　　D. 知识

355. 下列关于做报告时，如何讲清楚的策略，不正确的是（　）。

A. 做报告时要把观点、论据、逻辑讲清楚

B. 报告的开头尽量在 30 秒钟内抓住听众，可以用听众关心的难题开头，也可以用故事开头

C. 报告内容尽量简化，报告结尾要有要求

D. 报告内容要丰富，做报告必须讲故事，没故事的报告是不成功的报告

356. 在公共危机管理沟通机制建设中应避免出现的情况是（　）。

A. 保持沉默，少说为佳　　B. 保证正规渠道畅通

C. 保持信息口径一致　　D. 保证公众的知情权

357. 班组长在沟通时，为了建立积极的沟通效果，应该采取（　）

策略。

A. 快速给出解决方案，避免员工产生紧张感

B. 使用评价性语言，直接指出员工的问题

C. 保持口头语言与形体语言的一致性，展现真诚与尊重

D. 只关注问题的解决，忽略员工的感受和需求

358. 容许被面谈者成为面谈的主导者，这种面谈类型通常是（ ）。

A. 半结构化面谈　　B. 非结构化面谈

C. 结构化面谈　　D. 其他面谈

359. 面谈中面谈者必须支配和控制面谈进程的面谈类型是（ ）。

A. 结构化面谈　　B. 非结构化面谈

C. 半结构化面谈　　D. 其他面谈

360. 张班长得到班组成员反馈，班组中小道消息很多，而正式渠道的消息较少。如果你是张班长，你认为出现这一现象的原因是（ ）。

A. 非正式沟通渠道中信息传递很通畅，运作良好，说明班长很民主

B. 正式沟通渠道中信息传递存在问题，作为班长，要认真考虑正式沟通渠道调整问题

C. 班组中有人特别喜欢在背后乱发议论，传递小道消息，作为班长，要严厉整肃班组纪律

D. 班组成员充分运用了非正式沟通渠道的作用，促进了信

息的传递

361. 下列关于班组中非正式组织的说法中，不恰当的是（　）。

A. 班组中的非正式组织既可能对班组目标起到积极作用，也可能产生消极影响

B. 班组中的非正式组织可以为班组员工提供班组组织中很难得到的心理需要满足

C. 班组中的非正式组织对班组目标的实现有不利的影响，应该避免

D. 班组中的非正式组织有时会造成班组创新的惰性

362. 下列关于班组长沟通技巧的说法，不正确的是（　）。

A. 有的班组长比较内向，这类型的班组长可以等员工主动找来时，再与其沟通

B. 班组长听班组员工汇报工作时，要尽量避免分神，如不要一边接电话一边听下属汇报

C. 班组长在与班组员工沟通时，可适时提问，恰当的提问不仅表示你在听，还说明你在思索

D. 当下属讲了一段时间之后，你应对其意见做一个梳理，可以说："我理解你的意见，是不是主要是这几个方面"

363. 下列关于班组长提高自己的管理技能的说法，不正确的是（　）。

A. 班组长要学会使用企业赋予的各项职位权力

B. 班组长要不断提高自己的领导力和影响力

C. 班组长要发挥各种非权力因素，如班组长的专长权、个人影响力等，在工作当中的作用

D. 班组长要加强铁腕管理，让员工害怕

364. (　　) 不是班组长需要建立的制度。

A. 晨会制度　　B. 月初计划制度

C. 考勤和假期制度　　D. 安全文明生产制度

365. 下列选项中，(　　) 不是班组长执行力的体现。

A. 班组长的执行力首先表现为自动自发做事，同时为自己的所作所为承担责任

B. 班组长只需要把控全局，不需要特别注意一些细节

C. 班组长要对自己失信的行为负责，及时采取必要的措施弥补因自己失信给他人造成的损失

D. 班组长要对客观环境和市场形势可能出现的变化，提前作出预测

366. 下列关于教练式班组长的说法，错误的是 (　　)。

A. 班组长的工作重点从个人转为团队

B. 班组长要从明星队员转为明星教练

C. 班组长要从带领团队转为自我管理

D. 班组长要从以自我为中心转为以员工为中心

367. 下列说法正确的是 (　　)。

A. 班组长的技能水平一定要比员工优秀

B. 班组长要求员工务必听从指挥和命令

C. 班组长是服务者，协助员工成就自我

D. 班组长不需要亲临现场，更多地依靠员工自我摸索

368. 在企业中，班组长是基层的一级领导，是班组的领导者，以下关于班组长的表述不正确的是（ ）。

A. 班组长在班组中起着厂部、车间两级领导的代表作用，具体负责厂部、车间所布置任务的贯彻落实

B. 班组长作为企业最基层的组织者和领导者，既要直接参加劳动，完成自己的生产任务，又要指挥全班组的生产，完成班组的任务

C. 班组长既要带头遵纪守规，又要严格考核，搞好班组管理

D. 班组长工作如何，与企业生产经营活动能否正常进行和经济效益如何关系不大

369.（ ）班组长勤恳务实，但缺乏领导能力，往往只能做一个战斗员，而不能做一个指挥员。

A. 生产技术型　　B. 盲目执行型

C. 大扫把型　　D. 劳动模范型

370. 下列关于班组长批评策略的说法，不正确的是（ ）。

A. 班组长对班组员工的批评原则是：少批评，私下批评

B. 班组长切忌在你的领导面前或其他班组的人面前指责抱怨自己的部下，这是无能的表现

C. 班组长对班组员工的缺点要敢于批评，而且批评一定要及时，否则就是不坚持原则，也是害了员工本人

D. 班组长要尽量少批评员工，因为没有人愿意被批评

371. 彼得·圣吉所说的“创造性张力”是指（　）。

A. 班组长与班组成员之间的紧张关系

B. 现实与愿景之间的差距所产生的积极力量

C. 班组长的工作压力

D. 班组长对创新的追求

372. 下列关于班组长处理班组矛盾的说法，不正确的是（　）。

A. 班组长要正确分析矛盾的性质，查找矛盾的真实原因，寻找解决矛盾的理想方法

B. 在争论中，班组长要让当事人注意表达自己意见的方式，不能把意见之争演变成意气之争

C. 班组发生矛盾时，班组长本人必须注意自己始终站在一个公正的立场上，防止偏袒一方使矛盾复杂化

D. 班组发生矛盾时，班组长可以让双方充分陈述自己的观点，所谓理不辩不明，辩论越激烈越好

373. 张班长认为在班组成员之间打造开诚布公的氛围是十分重要的，他通常为班组成员制造一些机会和环境，增加班组

成员之间的沟通。以下说法对沟通氛围的建立不起作用的是（ ）。

A. 让每个成员说出自己真实的感受

B. 通过班组集体活动，班组成员相互了解

C. 班组成员各自都有自己单独做事的方式

D. 对班组成员不同形式的奉献表示赞赏

374. 三班是一个比较和谐的班组，班长很和气，平时喜欢同大家开玩笑。班里的工作完成得很好，多次受到上级的表扬。小柳是班里的女员工，担任的是看仪表的工作。一天，各项工作、各个仪表都正常运转，小柳没打招呼便去了车间办公室咨询问题。班长发现后很恼火，在之后的班总结会上批评了小柳。小柳哭了，大家都说班长不近人情。班长也没想到，偶尔的改变带来这样的波澜。下列说法不正确的是（ ）。

A. 从班总结会上大家的反应来看，班长应有管理者的严厉作风，不能太和气，否则不好管

B. 班长要加强情绪管理，学会控制自己的情绪，这是管理者的必修课

C. 班长对班组的管理，要有一定的规则，要学会用制度管人，而不是人管人

D. 班长应加强班组工作机制与规章建设，让大家知道什么

事该做，什么事不该做

375. 在进行（　）前，班组长应开展培训需求调查，培训过程中班组长和班组成员需对培训内容进行沟通讨论，确保班组成员已对培训内容完全掌握。

A. 技术培训　　B. 安全活动

C. 班务会　　D. 部门会议

376. 有些班组长是典型的劳模，事必躬亲、劳累不堪，但管理的成效不理想，以下对这一现象的分析正确的是（　）。

A. 此类班组长应提高自己的管理水平、率先垂范

B. 此类班组长应学会运用现代办公设施

C. 此类班组长应明白过分集权的弊端和分权的重要性，并能在工作中合理运用

D. 此类班组长应加强身体锻炼，拥有健康的体魄

377. 下列说法中，（　）对提高沟通效果没有太多帮助。

A. 较强的倾听意愿和能力

B. 及时总结、核对沟通要点

C. 把沟通结果以书面形式记录下来

D. 尊重对方

378. 时间对每个人都很宝贵，下列说法中，不能帮助班组长减少时间浪费的是（　）。

A. 事先做好安排，避免重复性的工作

B. 给自己积极的暗示

C. 把更多事务性的工作分派给下属

D. 相信你的团队成员，并合理给他们分派任务

379. 当班组成员违反规章制度时，班组长应该（　）。

A. 忽视不处理

B. 自行决定惩罚措施

C. 按照规章制度进行相应处理

D. 交由上级领导处理

380. 班组长负责对新员工进行（　）教育，在未能独立工作前，指定专人负责其人身安全。

A. 技术业务　　B. 劳动纪律

C. 安全生产

381. 班组安全员应协助班组长开展班前（　）、班中安全检查、班后安全分析小结。

A. 安全检查　　B. 安全预想

C. 安全教育

382. 公文用纸采用 GB/T 148 中规定的（　）型纸。

A. B4　　B. B3

C.A4　　D.A3

383. 管理沟通包含“①说、②听、③看、④问”四项基本技能，以下按重要程度排列正确的是（　）。

A. ①③②④　　B. ②④③①

C. ④②③①　　D. ③①②④

384. 如无特殊说明，公文格式各要素一般用（　）号仿宋体字，公文中文字的颜色均为（　）。

A. 2，黑　　B. 3，黑

C. 4，黑　　D. 5，黑

385. 就情商角度而言，领导素质包括（　）。①自我意识；②情景领导；③人际交往能力；④尊重激励。

A. ②③④　　B. ①②③

C. ①②③④　　D. ①②④

386. 加强后备班组长队伍建设，运输站段按照不低于班组长总数的（　）的比例配备，其他单位按照不低于班组长总数的10%的比例配备。

A. 5%　　B. 10%

C. 15%　　D. 20%

387. 管理的实质就是（　）八个大字。

A. “加强管理，提高效率”

B. “消除浪费，增加价值”

C. “提升管理，解决问题”

D. “集中权力，上下统一”

多项选择题

1. 班组长的职责除了组织学习之外，还有（ ）。

A. 做思想工作　　B. 安排生产

C. 保证安全　　D. 抓好管理

2. 下列属于班组长在管理上遇到的困难有（ ）。

A. 骨干员工太固执己见、一意孤行

B. 班组成员无上进心，散漫、不作为

C. 班组成员学习意识薄弱，技能提高缓慢

D. 班组成员内部不团结、恶性竞争，影响士气

3. 班组长的职责主要包括（ ）。

A. 班组日常管理　　B. 班组生产管理

C. 辅助上级领导　　D. 培训教导员工

4. 下列关于班组长表扬策略的说法正确的是（ ）。

A. 班组长对班组员工的表扬原则是：多表扬，公开表扬

B. 班组长对员工的表扬必须即时，延时的表扬就没有效果了

C. 在班会上，当大家提建议时，班组长可以一边听，一边与发言者目光交流，同时微微点头，这是对发言者无声的鼓励

D. 班组长可采取“迂回表扬”的方式，不是当面夸他，而是背后赞扬，通过第三者将这些表扬话传到被表扬人那里，这样做的效果会使人感到更加真实

5. 下列对班组长的主要职责的描述，正确的是（ ）。

A. 班组长要进行生产、服务管理

B. 班组长要进行人员管理

C. 班组长每天都在“琢磨事”

D. 班组长每天都在“琢磨人”

6. 下列关于班组长批评策略的说法，正确的是（ ）。

A. 班组长切忌在你的领导面前或其他班组的人面前指责抱怨自己的部下，这是无能的表现

B. 班组长对班组员工的批评原则是：少批评，私下批评

C. 班组长对班组员工的缺点要敢于批评，而且批评一定要及时，否则就是不坚持原则，也是害了员工本人

D. 班组长要尽量少批评员工，因为没有人愿意被批评

7. 领导高效团队的班组长应具有较强的教练技能。以下策略能够帮助班组长提高教练技能的是（ ）。

A. 了解班组职员，评估每一位职员的技能，从而帮助他们发挥出最好的水平

B. 帮助班组职员开发技能，“指导”而不是“告知”，激发职员的主动性和自制力

C. 让班组职员明白你对他 / 她有十分高的期望

D. 给予职员足够的感情支持，为职员营造一个合适的环境

8. 下列关于做报告时，如何讲清楚的策略，正确的是（ ）。

A. 报告的开头尽量在 30 秒钟内抓住听众，可以用听众关心的难题开头，也可以用故事开头

B. 做报告时要把观点、论据、逻辑讲清楚

C. 报告内容尽量简化，报告结尾要有要求

D. 报告内容要丰富，做报告必须讲故事，没故事的报告是不成功的报告

9. 班组长布置工作任务时要注意进行（　）事项。

A. 责权明确　　B. 背景说明

C. 任务要求　　D. 任务反馈

10. 根据身体各个部位的静态位置，站姿可分为（　）。

A. 正规站姿　　B. 背手站姿

C. 叉手站姿　　D. 背垂手站姿

11. “领导”涉及的主要要素包括（　）。

A. 领导者　　B. 被领导者

C. 旁观者　　D. 领导情境

12. 个人层面造成沟通障碍的原因有（　）。

A. 沟通能力和技巧不对应　　B. 本位主义思想作怪

C. 个人认知存在偏误　　D. 以上都不是

13. “横向沟通”的模式有（　）。

A. 共同工作　　B. 彼此学习

C. 良性竞争　　D. 头脑风暴法

14. 总结的特点具有时间性、客观性、理论性、本体性、群众性等特点。其中对理论性的理解正确的是（　）。

A. 总结要写事实，但不是把已经发生过的事实简单地罗列在一起

B. 必须对搜集来的事实、数据、材料等进行认真的归类、整理、分析和研究

C. 从感性认识上升到理性认识，即找出规律性的东西，达到理论高度

D. 如果总结不能把感性的事实上升到理性的规律性的高度，那么总结就不可能作为未来行动的向导

15. 班组长的管理能力，其内在架构通常分为（ ）。

A. 核心能力　　B. 必要能力

C. 增效能力　　D. 盈利能力

16. 下列（ ）属于沟通过程中的障碍。

A. 信息发送者的障碍　　B. 表达不清楚

C. 选择失误　　D. 发送者形象不佳

17. 下列说法属于班组长核心沟通技能的有（ ）。

A. 维护员工和自尊，提升其自信程度

B. 表达认同感和同理心

C. 提出问题、概括总结、确认理解

D. 处理疑问与异议，提出进程建议

18. 内部沟通过程中，处理棘手问题或异议的方法有（ ）。

A. 不要争论　　B. 不要说对方错了

C. 不要过度关注他们　　　D. 永远不要发火

19. 下列关于班组长区分“常发性问题”和“偶发性问题”的说法，正确的是（　）。

A. 要弄清问题的性质，判断这一问题是常见问题，还是纯属偶然

B. 不用弄清楚哪些现象属于常见问题，首次出现的都可以划入偶然出现的问题

C. 管理者需要判断问题是常发的还是偶发的，尤其不要把常发问题的首次出现错判为偶发的

D. 随着企业的发展、改革的深化、技术的进步、设备的升级，经常会有过去从来没有遇到过的现象出现，但究其本质仍属于常见问题，这就需要透过现象对其后面的本质进行分析、解决

20. 班组长在进行时间管理时，要避免出现太多不重要且紧急的事项，因为这些事项（　）。

A. 会占用大量时间

B. 不重要，可以忽略

C. 会干扰班组长的工作计划

D. 会影响重要事项的解决

21. 组织层面造成沟通障碍的原因有（　）。

A. 部门间职权划分不明确　　B. 部门目标差异

C. 双方信息不对称　　D. 沟通气氛不和谐

22. 在外部沟通中，如果缺乏协调性将会导致（　）。

A. 缺乏全局观　　B. 部门目标和利益的驱使

C. 部门隔绝　　D. "四马分象"

23. 跨团队冲突是指（　），由于利益上的矛盾或认识上的不一致而造成的彼此抵触、争执或攻击的组织行为，是一个从知觉到情绪，再到行为的心理演变过程。

A. 团队内部成员之间　　B. 成员个人与团队之间

C. 不同团体之间　　D. 以上都不是

24. 身为班组长应加强（　）和团队意识的培养。

A. 安全意识　　B. 创先意识

C. 民主意识　　D. 执行意识

25. 下列关于事必躬亲型班组长的说法正确的是（　）。

A. 此类班组长缺乏管理技能，会阻碍班组员工的成长

B. 此类班组长很辛苦，是班组长的楷模

C. 此类班组长不利于班组成员业务能力的提高，易带出将强兵弱的班组

D. 此类班组长应学会有效授权

26. 以下内容中，（　）是正确表达力的表现。

A. 多告诉我一些你所关心的事

B. 从这里我能学到什么

C. 这事儿我不知道

D. 我理解得恰当吗

27. 关于情绪的 ABC 理论中，ABC 是指（　）。

A. 刺激事件　　B. 大脑认知

C. 情绪反应　　D. 行为结果

28. 有效沟通是一个（　），并最终达成一致的过程。

A. 双向的　　B. 单向的

C. 互相理解的　　D. 不可信的

29. 气质类型分为（　）。

A. 抑郁质　　B. 胆汁质

C. 黏液质　　D. 多血质

30. 下列说法正确的是（　）。

A. 当班组长的成熟度大于班组员工成熟度较多时，可考虑用“命令”的方式

B. 当班组长的成熟度大于班组员工成熟度较小时，可考虑用“说服”的方式

C. 当班组长的成熟度与班组员工成熟度相当时，可采用参与式

D. 任何情况下，班组长的成熟度也不会低于班组员工的成熟度

31. 班组长的领导方式与班组员工的成熟度具有一定的相关度。

下列说法正确的是（　）。

A. 当员工很不成熟时，班组长可以采取单向下命令多、沟通少的领导方式

B. 当员工初步成熟时，班组长可以采取单向命令减少、双向沟通增强的领导方式

C. 当员工比较成熟时，班组长可以采取单向命令更少、沟通仍然较强的领导方式

D. 当员工成长为一名非常成熟的作业人员时，无论是单向命令还是双向沟通都可以相对减少，在这一阶段，班组长基本可以采取授权的领导方式

32. 在沟通效果的决定因素中，（　）属于肢体语言的范畴。

A. 姿态　　B. 动作

C. 举止　　D. 腔调

33. 沟通前要做的准备有（　）。

A. 明确沟通目的　　B. 端正沟通态度

C. 收集相关信息　　D. 得到领导同意

34. 下列关于班组长辅助上级领导策略，正确的是（　）。

A. 自动报告工作进展，让领导知道

B. 对上级的询问有问必答，而且清楚，让领导放心

C. 接受批评，同样的错误不犯第二次，让领导省心

D. 对自己的业务主动提出改善计划，让领导进步

35. 卓越执行者的核心能力包括（　　）。

A. 良好的执行心态　　B. 对执行的深刻理解

C. 对执行工具的驾驭能力　　D. 清晰的角色定位

E. 熟练的流程操作

36. 下列属于概念技能的是（　　）。

A. 思考　　B. 分析

C. 判断　　D. 激励

37. 班组长的主要工作内容是（　　）。

A. 保证现场施工安全

B. 负责班组人员分工

C. 协调各工种配合、工序衔接

D. 保证安全、优质、快速、低耗施工

38. 班组长在工作能力中应该要有（　　）。

A.“望、闻、问、切”发现问题的意识

B. 敢于面对挑战、主动创新的勇气

C. 处理问题的灵活性和技巧性

D. 保质保量完成产品及提供服务的决心

39. 跨团队下级沟通的法则包括（　　）。

A. 多动情，少讲理　　B. 感受到尊重

C. 服务意识　　D. 减少随意性

40. 上行沟通中，作为下级容易出现（　　）等情况。

A. 吹捧奉承　　　　B. 高高在上

C. 独断专横　　　　D. 存在畏上心理

41. 对于新生代员工，要在管理上进行创新，下列表述正确的是（　）。

A. 给予他们一个具有战略意义的个人职业发展规划

B. 告诉他们短期内可以实现的事情，比如职务、职级或是薪酬等

C. 不要让他们太悠闲，给他们一个好的硬件环境

D. 制定符合他们自己特性要求的培训策略

42. 可以通过（　）扩大乔哈里视窗的开放区域。

A. 寻求反馈　　　　B. 给予反馈

C. 同时寻求反馈和给予反馈　　D. 不懂装懂

43. 实现彻底的沟通包括（　）。

A. 以主观的心态观察事物

B. 给予理解并能够主动提供协助

C. 抛弃先入为主的观念

D. 诚心诚意

44. 马班长的工作量很大，每天都要加班到很晚，因此他决定给他下属的几个小组长更多的授权，下列关于授权的说法正确的是（　）。

A. 对授权过的工作无论怎样都不宜再过问

B. 根据任务，挑选合适的人进行授权

C. 给予自主权，确保下属获得完成任务所需的权力和资源

D. 马班长必须明确授权的目的，即授权是发展而不是转嫁责任

45. 班组长是基层管理者，不仅要自己在现场做事，更要和谐地组织职员开展工作；要把握进展、培养职员的策略和技巧；还要与上司打交道，向上级争取资源完成班组任务。以下关于管理的职能，正确的选项是（　）。

A. 管理职能包括：计划、组织、领导和控制，它们是相互独立的过程

B. 管理活动是一个循环往复、螺旋式上升的过程

C. 管理和领导的职能是不同的

D. 管理的实质确实是使相关人员完全按照你的意愿做事

46. 企业管理方法有硬管理和软管理之分，其中属于硬管理的有（　）。

A. 规章制度　　B. 管理流程

C. 组织机构　　D. 企业文化

47. 班组管理者的管理功能概括起来，包括（　）。

A. 生产指挥　　B. 管理组织

C. 队伍领导　　D. 关系协调

48. 下列关于班组长领导效能的说法，不正确的是（　）。

A. 耗费较小的心力，取得较大的执行效果，说明领导效能较高

B. 耗费较小的心力，取得较小的执行效果，说明领导效能较高

C. 耗费较小的心力，取得较大的执行效果，说明领导效能较低

D. 耗费较大的心力，取得较大的执行效果，说明领导效能较高

49. 下列关于培养成功班组长的基本准则，正确的是（　）。

A. 明确的目标。要做成功的班组长，首先为自己建立明确的人生目标，无论是事业目标，还是生活目标，或是信念目标

B. 合作制胜。就是要把合作作为自己成功的前提、尊重差异、设身处地地站在他人的立场看问题，注重发挥团队的力量

C. 沟通无极限。善于倾听，善于表达自己，逐步将开放的沟通方式变成班组的工作语言

D. 客户在身边。成功的班组长把每一位为之服务的人都视为自己的客户，上司是自己的客户，下属是自己的客户，其他部门更是自己的客户

50. 跨团队沟通包含（　）模式。

A. 纵向沟通　　B. 横向沟通

C. 上级与下级　　D. 以上都不是

51.（　）有助于班组长提高经济活动分析的能力。

A. 定期参加专业培训

B. 忽视员工的反馈和建议

C. 仅依赖过去的经验，不进行新的学习和尝试

D. 积极参与跨班组的经验交流和分享

52. 跨团队沟通常见的障碍有（　）。

A. 分歧型　　B. 回避型

C. 矛盾冲突型　　D. 以上都不是

53.（　）是有效的沟通的方式。

A. 演讲　　B. 会见

C. 对话　　D. 讨论

E. 信件

54. 关于基础管理，正确的是（　）。

A. 基础管理一般处于整个企业管理组织体系的基层

B. 基础管理工作必须以标准化、规范化、制度化为前提

C. 基础管理包括信息工作、标准化工作、规章制度制定、定额工作、计量和检测工作、教育培训等六个方面的内容

D. 基础管理等同于管理基础

55. 按照卡茨的观点，一般来说，管理者需要（　）三种基本技能或者素质。

A. 适应技能　　B. 技术技能

C. 人际技能　　D. 概念技能

56. 有效地与他人共事的能力不包括领导者的（　）。

A. 人际技能　　B. 技术技能

C. 知识技能　　D. 概念技能

57. 班组长的组织能力主要表现在（　）。

A. 不断强化自我管理和职业素养，提升各项管理工作水平和决策管理能力

B. 加强班组教育训练和各项管理工作，注重班组团队核心骨干人员的培养

C. 善于经常性地对管理工作进行分析、总结，不断提高能力

D. 注重班组“多能工”岗位人员培养，不同岗位人员可互相调动

58. 管理者提高自身管理水平的方法包括（　）。

A. 熟练掌握管理的基本方法

B. 加强管理理论的学习

C. 对自身角色进行更准确的定位

D. 学会设计科学合理的管理体系

59. 应对压力，可以应用（　）。

A. 人力资本　　B. 家庭资本

C. 社会资本　　D. 心理资本

60. 以下（ ）属于对谈判语言的要求。

A. 文明清晰　　B. 简洁准确

C. 有针对性　　D. 有灵活性

61. 班组长常见的角色问题，包含（ ）。

A. 角色模糊　　B. 角色错位

C. 向下错位　　D. 角色混乱

62. 班组长有权（ ）。

A. 开除组员　　B. 拒绝违章指挥

C. 制止违章作业　　D. 考核奖惩班组成员

63. 优秀班组长工作能力的主要特质有（ ）。

A. 清楚了解自己的出发点

B. 具有处理有关人的问题的能力

C. 能权衡上下级的利益

D. 用对待自然科学的方式对待很多社会现象和人际关系

64. 具有（ ）特色的人是有执行力的人。

A. 自动、自发　　B. 创意

C. 乐于学习、求职　　D. 为人诚信、负责

65. 在班组管理职能中，协调就是要解决（ ）的问题。

A. 本部门与其他部门的关系

B. 开展工作必备的资源、环境和条件

C. 需要什么资源

D. 哪些人员参加

66. 班组长决断需要具备（ ）。

A. 临危不乱的心态　　B. 快速处理现场问题的能力

C. 果断决策的能力　　D. 敏锐发现问题的能力

67. 李建的班组新进了 2 名新员工，当月不良率上升 5%。领导找李建谈话，李建说："这不关我的事，次品全是 2 名新员工出的。"领导说："那你应该培训他们。"李建回答："我哪里有时间，我要处理那些次品，要不然怎么办？" 下列关于该事件的解读，正确的是（ ）。

A. 新员工出了次品，应该由他们自己承担责任，和他们的班长无关

B. 李建说："这不关我的事，次品全是 2 名新员工出的。" 说明李建还没有理解班组长的岗位职责

C. 李建亲自处理次品是工作职责错误，本末倒置

D. 李建对产品不良率的过程管理不够

68. 沟通可以达到不同的目的，主要有（ ）。

A. 传达信息（通知）

B. 理解对方

C. 树立威信，提升自己的领导力

D. 改变人的行为

69. 对领导的定义理解正确的有（ ）。

A. 领导者必须有部下或追随者

B. 领导者必须位于一定的职位之上

C. 领导者拥有影响追随者的能力或力量

D. 领导的目的是通过影响部下来达到组织的目标

70. 合理授权是十分重要的，但是不能（　）。

A. 满足团队领导的自尊心

B. 满足下级的自尊心

C. 提高团队领导的工作效率

D. 提高团队成员的领导力

71. 沟通的两个基本原则是（　）。

A. 目标关注，即沟通要有明确的目标和方向

B. 没有利益冲突

C. 角色定位

D. 地位平等

72. 导致班组长沟通困难的因素有（　）。

A. 信息接收者缺乏信息和知识

B. 没有注意倾听，不了解他人的需要

C. 不完全理解问题和询问不及时

D. 信息传播者没有适当说明重点

73. 领导者的创新能力主要体现在（　）。

A. 广阔的知识面　　B. 敏锐的问题意识

C. 全新的思想观念　　D. 良好的精神状态

E. 敢于承担风险的胆识

74. 班组长管理的相关原则有（　）。

A. 思想领先原则　　B. 目标导向原则

C. 科学规范原则　　D. 层层负责原则

E. 民主参与原则

75. 一个优秀的管理者必须具备（　）。

A. 领导力　　B. 目标力

C. 执行力　　D. 学习力

76. 班组内部沟通常见的情景有（　）。

A. 向上汇报　　B. 内部讨论

C. 向下布置　　D. 外部讨论

77.（　）是班组长管理过程中容易犯的错误。

A. 事前计划不周详，事中管理执行不到位，事后检讨不改进，没制定工作目标

B. 培训和授权员工，培养骨干团队

C. 好好先生、怕得罪人，对下属严格要求不够，不敢管理

D. 敢于管理、强加于人，简单粗暴

78. 班组长理解企业的战略定位，应从（　）三个方面把握。

A. 企业的战略计划是谁制订的

B. 企业的远景和使命如何

C. 企业的战略环境怎样

D. 企业的战略是如何选择的

79. 沟通的三关键，包含（ ）。

A. 表达 B. 倾听

C. 反馈 D. 异议

80. 谈判准备阶段需要做（ ）的准备。

A. 收集资料 B. 确立目标

C. 拟订方案 D. 选择地点

81. 下列各项属于高效沟通的步骤是（ ）、达成协议、共同实施。

A. 事前准备 B. 确认需求

C. 阐述观点 D. 处理异议

82. 管理具有（ ）、客观性、层次性和创新性等六个基本特征。

A. 目的性 B. 人本性

C. 普遍性 D. 主观性

83. 下列关于项目负责人能力要求的说法，正确的是（ ）。

A. 坚强的领导能力

B. 人才开发的能力

C. 非凡的沟通技巧和良好的人际交往能力

D. 处理压力和解决问题的能力

E. 管理时间的能力

84.（ ）每天应对作业环境、设备设施、从业人员的作业行为等进行日常检查，并做好相关记录。

A. 厂部长　　B. 设备操作者

C. 班组长　　D. 车间安全工程师

85. 班组长必须对工作安排的落实情形进行现场确认，确认事项包括（　）。

A. 现场投入产品、材料的数量、质量

B. 设备是否正常

C. 工艺参数和作业标准是否明确

D. 作业对工作标准是否清晰

86. 班组长在标准化作业中应具备（　）的履职能力。

A. 指导和监督员工按照标准化作业

B. 审视和改善固有作业习惯

C. 随意更改作业流程以适应新情况

D. 科学地运用工业工程技术进行改善

87. 六何分析法的要素包括：对象（What）、目的（Why）、（　）。

A. 场所（Where）　　B. 时间和程序（When）

C. 作业员（Who）　　D. 作业手段，怎么做（How）

88. 好的发言风格（　）。

A. 是自然的，而非朗诵的

B. 是专业的和训练有素的

C. 是谦虚的，同时是非常有自信的

D. 是自傲的，并且自负的

89. 一般认为，领导的协调能力主要包括（　　）。

A. 组织能力　　B. 授权能力

C. 冲突处理能力　　D. 激励下属能力

90. 工作汇报可以采用（　　）形式。

A. 口头汇报　　B. 书面汇报

C. 多媒体汇报　　D. 专题片汇报

91. 下列说法属于班组长应具备的能力是（　　）。

A. 扎实的专业技术能力

B. 熟练的问题解决能力

C. 卓越的组织授权能力

D. 良好的激励减压能力

92. 沟通的特点是（　　）。

A. 随时性：所做的每一件事都要沟通

B. 双向性：既要收集信息，又要给予信息

C. 情绪性：接收信息受传递信息的方式所影响

D. 互赖性：沟通的结果和质量是由双方决定的

93. 下列关于领导方式的说法，正确的是（　　）。

A. 命令，指没有下属参与，只是执行上级的命令，这一领导方式又被称为严父式的领导

B. 说服，指多给下属一些说明和指导，增加下属执行这项命令的自觉性，但是发出的命令是不容置疑的，这一领导方式又被称为慈父式的领导

C. 参与，指领导者在决策时征求并采纳下属的建议

D. 授权，指领导者给下属提出挑战性目标并充分相信他们能很好地完成目标，任务执行期间不做过多的干预

94. 沟通就是为了设定的目标，把（　）在个人或群体间传递，并达成共同协议的过程。

A. 信息　　B. 思想

C. 情感　　D. 语言

95. 具有积极的自我意识的班组长往往心理健康、工作效率高、管理工作做得好。自我意识的主要内容包括（　）

A. 自我认知　　B. 他人认知

C. 角色认知　　D. 社会认知

96. 作为一名班组长，应必备（　）精神。

A. 刻苦学习的紧迫精神　　B. 探索创造的超前精神

C. 胸怀宽广的大度精神　　D. 合作共事的团队精神

97. 班组长的使命，包括（　）。

A. 提高产品质量　　B. 提高生产效率

C. 降低成本　　D. 防止工伤和重大事故的发生

98. 沟通过程中，要诚实回应但（　）。

A. 评判　　　　B. 挑剔

C. 不评判　　　　D. 不挑剔

99. 在尝试、突破、把工作向广度和深度推进的过程中，领导者在组织指挥上应把握（　）。

A. 通观全局，扭住中心　　　　B. 统筹协调，突出主轴

C. 牺牲环境，成就发展　　　　D. 控制节奏，张弛有度

100. 独善其身模式的表现与特质是（　）。

A. 具有“匮乏心态”　　　　B. 万事“我”为先

C. 自我中心　　　　D. 压抑真实感受

101. 王强是机修班班长，张经理打电话来问上周报修的两台机器的情况，说：“上星期报修的两台机器修好了吗？后天要投入使用了。”王强回答道：“别担心，我在他们报修后，第一时间就安排人修理了。”张经理问道：“修好了吗？”王强：“我安排了班里修理水平最高的两个人，他们保证今天修好。”以下关于王强班长的说法，正确的选项是（　）。

A. 王强充分信任班组成员，授权之后就不再做过多的干涉，是个好班长

B. 王强分配任务之后，没有做好结果监控，是他的失职

C. 王强对张经理是否修好的问题，一再回答工作差不多安排下去了，而不是“修好了”，依旧没有修好，说明王强的沟通能力需要提高

D. 辅助上级领导工作，是班组长的重要职责之一。王强应该在张经理询问之前主动汇报结果

102. 班组长应具备的素质有：思想素质，安全素质和（　　）。

A. 管理素质　　B. 文化素质

C. 专业素质　　D. 身体素质

103. “纵向沟通”的模式有（　　）。

A. 供方沟通会　　B. 问卷调查

C. 双方共同制定流程　　D. 调度早会

104. 班组长的管理对象主要包括：人、（　　）和时间等。

A. 财　　B. 物

C. 信息　　D. 规章

105. 管理者常见的误区有（　　）。

A. 凡事要亲力亲为才放心

B. 喜欢抓具体的擅长的业务

C. 事无巨细，不善于授权和委派工作

D. 虽有工作目标，但缺乏事后控制

106. 下级员工成熟度构成要素有（　　）。

A. 业务水平

B. 工作态度

C. 心理承受能力

D. 在该岗位的工作年限

107. 班组长应具备（ ）。

A. 问题意识 B. 现场意识

C. 改善意识 D. 服务意识

108. 激励的关键要素包括（ ）。

A. 成果 B. 效率

C. 组织目标 D. 需要

109. 企业战略的构成要素包括（ ）。

A. 经营范围 B. 协同作用

C. 竞争优势 D. 资源配置

110. 班组长提升自身胜任力的首要修炼就是增加应知应会的内容，并掌握（ ）。

A. 专业知识 B. 心理知识

C. 培训知识 D. 企业知识

111. 下列说法中，属于拉式激励的是（ ）。

A. 确定挑战性工作目标

B. 选择合适的场合和方法进行批评

C. 营造紧密和谐的集体气氛

D. 提高各种待遇

112. 管理者受员工欢迎的同时也会带来一定的风险，包括（ ）。

A. 削弱管理者决策的有效性

B. 削弱管理者解决问题的有效性

C. 削弱管理者的管理地位

D. 削弱管理者的权威

113. 班组长在推动“工作的标准化及其提高”中有五个基本项目，具体是（　）。

A. 做正确的工作（设定标准作业）

B. 要求员工做正确的工作（使其遵守标准作业）

C. 研究更好的工作（改善标准作业）

D. 发现异常便于处理（异常处理）

E. 创造良好的生产环境

114. 班组长提升班组执行力的方法有（　）。

A. 建立良好的沟通渠道

B. 依据工作目标，制定合理的制度与方案

C. 构建合理的工作流程

D. 结合员工的观念、心态和工作实际，建立行之有效的执行力培训体系，提升员工的工作能力与意愿

115. 把口头工作汇报说得好听、耐听，达到更直接、更方便、更传神的效果，需要注意“四宜”“四不宜”，具体指的是（　）

A. 宜“直”，不宜“绕”

B. 宜“倒”，不宜“顺”

C. 宜“客观”，不宜“妄说”

D. 宜“活泼”，不宜“死板”

116. 危机领导者需要具备的 3C 特质是指（　）。

A. 超强的逆境心理抗压能力

B. 勇敢的风险认知决策能力

C. 快速地组织沟通协调能力

D. 快速地搜集最完备信息的能力

117. 温班长经常组织班组学习活动，对班组的学习和发展进行合理的管理，他这样做的好处包括（　）。

A. 促进班组成员的发展

B. 在班长与成员、成员与成员之间建立良好关系

C. 提高班组整体实力

D. 提高班组员工之间的竞争力

118. 关于能力与责任的关系，正确的是（　）。

A. 责任胜于能力

B. 责任越大，提升能力的空间也越大

C. 责任是根本，能力是载体

D. 责任是能力中的核心能力

119. 执行力的核心是（　）。

A. 人员流程　　B. 战略流程

C. 组织流程　　D. 运营流程

120. 张强十分马虎，到最后，工作往往完成不了。马班长只能自

己挤出时间来完成工作。马班组长与张强就此问题沟通过很多次，他每次都承认错误、答应改正，可是过几天还是老样子。您认为，面对这样的员工，马班长可以（ ）。

A. 给张强布置工作时要明确、清晰、限期，并明确奖惩

B. 将张强的工作完成程度与绩效考核挂钩

C. 安排其他组员帮助张强完成工作

D. 在确定是工作态度问题，而张强本人又不思改进后，将其反映给人事部门，辞退或放任自流，由组织决定

121. 班组长与上级沟通的技巧主要有（ ）。

A. 主动沟通 B. 真诚沟通

C. 尊重对方 D. 自我反省

E. 换位思考

122. 成为持续变革领导者需要从（ ）方面作出努力。

A. 思维模式转变 B. 真正的客户导向

C. 人的活性化 D. 开放合作

E. 系统思考的内部改造

123. 老张得到团队成员反馈，团队中小道消息很多，而正式渠道的消息较少。请帮老张分析出现这一现象的原因，下列说法不恰当的是（ ）。

A. 非正式沟通渠道中信息传递很通畅，运作良好，说明老张很民主

B. 正式沟通渠道中信息传递存在问题，作为领导，要认真考虑正式沟通渠道调整问题

C. 团队中有人特别喜欢在背后乱发议论，传递小道消息，作为领导，要严厉整肃班组纪律

D. 团队成员充分运用了非正式沟通渠道的作用，促进了信息的传递

124. 在班组管理和领导活动中，沟通通常带有具体的目的，主要有（　）。

A. 分解目标任务　　B. 执行目标任务

C. 团结班组成员　　D. 排解成员压力

125. 根据费德勒模型，影响领导形态有效性的环境因素有（　）。

A. 领导者和下属的关系　　B. 职位权力

C. 任务结构　　D. 领导者的个人特性

126. 班组长要扮演（　）的角色。

A. 配合上司　　B. 指导下属

C. 协调协助同事　　D. 生产管理

127. 卓越领导者对巨变环境下的组织的重要性不言而喻，主要源于（　）。

A. 让组织高效运营

B. 指明方向，鼓舞人心，重振希望

C. 应对不确定性带来的危机，带领团队摆脱危机

D. 在生产现场展现高超的技术技能

128.（　）属于人力资源管理中考核工作的内容。

A. 明确各岗位职责内容和技能要求

B. 制定公司考核流程

C. 负责员工的晋升、聘用工作

D. 负责劳动技能鉴定及职称评定

129. 为减少不必要的协调管理流程，班组长要做到（　）。

A. 培养和引导班组内成员建立职务意识

B. 制定工作程序、工作标准规范、工作方法

C. 制订工作计划与目标

D. 建立畅通的沟通渠道，培养员工的沟通技巧

130. 西方人根据帕累托原则将事项的轻重缓急按照重要度和紧迫度划分为（　）。班组长可以根据这些象限来安排处理事项的优先次序，合理有效地利用时间。

A. 重要 - 紧急　　B. 重要 - 不紧急

C. 不重要 - 紧急　　D. 不重要 - 不紧急

131. 阐述观点方法需要包括（　）等内容。

A. 引子　　B. 主题

C. 预告　　D. 展开

E. 收尾　　F. 重申主题

132. 班组长的工作执行力主要体现为（　）。

A. 自动自发　　B. 注意细节

C. 敢于负责　　D. 应变力强

133. 实现高效执行能力的关键是（　）。

A. 注重高效执行意识的培养

B. 注重高效执行流程的学习

C. 注重自身执行力的发展

D. 注重高效执行方法的学习

134. 按管理领域划分，管理者可分为（　）。

A. 综合管理者　　B. 专业管理者

C. 基层管理者　　D. 中高层管理者

135.（　）的做法能有效缓解团队冲突、摩擦，高效促成合作。

A. 放低姿态　　B. 转换角度

C. 各让一步　　D. 坚持己见

136. 心理学研究的三个关系是（　）。

A. 自己和自己的关系　　B. 自己和他人的关系

C. 自己和环境的关系　　D. 自己和父母的关系

137. “兵头将尾”的班组长既是生产一线的直接组织者和指挥者，上级指示和决定的执行者，班组的主心骨、带头人，也是上级和作业人员之间的桥梁。作为一名班组长需要具备（　）。

A. 专业技术技能　　B. 组织授权的能力

C. 交流倾听的能力　　D. 指导培养职员的能力

138. 班组长是安全生产最基层的（　）和（　），是现场安全管理的第一负责人。

A. 劳动者　　B. 组织者

C. 管理者　　D. 执行者

139. 班组长的工作职能包括（　）。

A. 计划职能　　B. 组织职能

C. 指挥职能　　D. 控制职能

140. 跨团队向上级沟通的原则是（　）。

A. 专业化，职业化　　B. 尊重平等

C. 及时复命　　D. 设想质疑

141. 班组长的有效性取决于他处理关系的技能，必须做到（　）。

A. 同其他人的关系必须是客观的和建设性的

B. 尊重他人的创意和能力

C. 明确自己在整个工作过程中的正确作用以及总体义务，尤其是对于上司的义务

D. 高度的敬业精神和高超的专业知识

142. 关于班组长的岗位职责，以下说法正确的是（　）。

A. 组建高效班组，保持团队合作并解决内部问题

B. 作为班组的代表，带头完成各项任务目标

C. 关心接纳、培育激励班组成员

D. 讨论、交流公司目标，制定、达成班组目标

判断题

1. 班组长在沟通过程中需要控制自己的情绪，面对员工不到位之处，应冷静、理智地沟通。(　)

A. 正确　　B. 错误

2. 作为班组长，只需要技术高超即可，不需要具备处理事故的能力和人际关系的协调能力。(　)

A. 正确　　B. 错误

3. 班组长应该自己负责班组的安全生产。(　)

A. 正确　　B. 错误

4. 团队文化建设有利于增进沟通意愿。(　)

A. 正确　　B. 错误

5. 合理授权是十分重要的，它能够提高团队领导的工作效率。(　)

A. 正确　　B. 错误

6. 张班长在工作时总是把精力放在完成所分配的任务上，对其他事都不太关心，导致班组员工对他很不满。张班长的问题在于他没有注意好任务、团队和个人之间的平衡。(　)

A. 正确　　B. 错误

7. 班组长是企业生产的管理者。(　)

A. 正确　　B. 错误

8. 班组长要时刻注重自身素质的提高，不断加强政治理论、科学知识和业务知识的学习。(　)

A. 正确　　B. 错误

9. 教练式的班组长是“我说你听”“你做我批”，可以进行填鸭式训话，员工遇到问题就找班组长。(　　)

A. 正确　　　　B. 错误

10. 你希望别人怎么对待你，你就要怎么对待别人。(　　)

A. 正确　　　　B. 错误

11. 班组长面对直接上司应该站在部下和上级辅助人员的立场上讲话。(　　)

A. 正确　　　　B. 错误

12. 管理是要带领人们实现目标，最大限度地发挥人们的积极性、主动性和创造性。(　　)

A. 正确　　　　B. 错误

13. 班组长要用 5WIH 进行管理，即以何时、何处、谁、做什么、为何、如何为基础进行整理，养成汇报的习惯。(　　)

A. 正确　　　　B. 错误

14. 班组长的技能一定要比班组成员优秀。(　　)

A. 正确　　　　B. 错误

15. 班组长理解企业的战略定位，应从企业的远景和使命陈述如何、企业的战略环境怎样、企业的战略是如何选择的三个方面把握。(　　)

A. 正确　　　　B. 错误

16. 对于能力超过自己的下属，不能靠“力服”或“才服”，而应

主要靠“德服”。( )

A. 正确　　　　B. 错误

17. 在沟通前，需要想清楚沟通类型，包括选取哪种沟通方式、采用哪种信息传递媒介、利用哪种沟通形式、单向还是双向的沟通反馈。( )

A. 正确　　　　B. 错误

18. 作为班组工作的管理者，班组长应具备管理班组工作的能力，专业知识和技能并不重要。( )

A. 正确　　　　B. 错误

19. 辅佐上司的八个原则是保持恰当期待，主动解决问题，明确上级意图，绩效伙伴关系，不把问题推向领导，主动承担责任，主动与领导沟通，善意和委婉提醒。( )

A. 正确　　　　B. 错误

20. 班组长在日常工作中，面对面沟通是主要形式，此外也可以通过书面形式、电子媒介形式、体态语言形式等进行沟通。( )

A. 正确　　　　B. 错误

21. 在员工困难的时候带头站出来是情感激励方法的具体应用。( )

A. 正确　　　　B. 错误

22. 班组长有权提出对本班组职工的奖惩建议。( )

A. 正确　　　　　　　　B. 错误

23. 班组长要及时摸清和洞察每名员工的思想动态。(　　)

A. 正确　　　　　　　　B. 错误

24. 班组长一定要有良好的自我约束能力，如此才能以良好的品格、形象去影响、征服班组成员。(　　)

A. 正确　　　　　　　　B. 错误

25. 班组长只要个人业绩好就是完成了本职工作。(　　)

A. 正确　　　　　　　　B. 错误

26. 班组长的任职条件是要求具备管理班组的基本知识和管理能力。(　　)

A. 正确　　　　　　　　B. 错误

27. 在班组日常管理中，班组长具有举才推荐权。(　　)

A. 正确　　　　　　　　B. 错误

28. 不成熟的管理者才特别看重技术能力，其实员工更关注你是否支持他、你的工作规划和大家的目标。(　　)

A. 正确　　　　　　　　B. 错误

29. 班组长在沟通时，要注重和每一个人进行良性的互动。既不能够偏重某些班组员工，使其他员工受到冷落；也不应该只顾自己，想说什么就说什么。(　　)

A. 正确　　　　　　　　B. 错误

30. 班组长制订的计划需要得到班组成员的认可，因为只有这样，

班组成员工作才能更加投入。(　)

A. 正确　　B. 错误

31. 班组长用人的原则是不求最优秀的，但求最合适的。(　)

A. 正确　　B. 错误

32. 领导“三个蝴蝶”效应中“威仪”指的是格局。(　)

A. 正确　　B. 错误

33. 为了验证表达是否正确、信息是否被员工正确接受，班组长必须始终注意任何能够得到的反馈，可以通过观察员工是否按信息的要求行动。(　)

A. 正确　　B. 错误

34. 沟通的两个基本原则是目标关注即沟通要有明确的目标及地位平等。(　)

A. 正确　　B. 错误

35. 开放式问题可以帮助迅速达成目标。(　)

A. 正确　　B. 错误

36. 真正影响我们情绪的是事情本身。(　)

A. 正确　　B. 错误

37. 沟通过程中，概括总结并简要地复述对方的观点，能够提高沟通成效。(　)

A. 正确　　B. 错误

38. 业绩是企业和个人持续成长的原动力。(　)

A. 正确　　　　B. 错误

39. 领导力是对有关组织或群体发挥方向性或决定性影响的能力。(　)

A. 正确　　　　B. 错误

40. 在与他人沟通时，眼神应该盯着对方的头发。(　)

A. 正确　　　　B. 错误

41. 班组工作的好坏，主要取决于班组长工作的好坏。(　)

A. 正确　　　　B. 错误

42. 作为管理者，不论他在组织中的哪一层次上承担管理职责，其工作的性质和内容都包括计划、组织、领导、决策和控制几个方面。(　)

A. 正确　　　　B. 错误

43. 一个人是否具有影响力，取决于许多因素。个人才干不属于影响力的范畴。(　)

A. 正确　　　　B. 错误

44. 在跨部门沟通中彼此都装作看不见，这种“装糊涂”的结果是造成工作效率低下，甚至是发生安全事故的主要原因。(　)

A. 正确　　　　B. 错误

45. 学习是班组长可采纳的最好的领导方式。(　)

A. 正确　　　　B. 错误

46. 领导工作是组织结构中一种专门的人与人的关系，其实质是一种影响力。(　)

A. 正确　　B. 错误

47. 班组长在生产管理工作中，首先要明确工作任务，即做什么；其次熟悉掌握彼此信息是否符合要求；最后是协调、沟通、指导员工。(　)

A. 正确　　B. 错误

48. 帕累托定律在管理中的运用就是让我们注意大多数人的行为。(　)

A. 正确　　B. 错误

49. 管理就是协调集体活动，以实现组织目标的实践过程。(　)

A. 正确　　B. 错误

50. 管理技能包括专业技能、概括技能和人际技能。(　)

A. 正确　　B. 错误

51. 班组长的一个重要角色是：面对员工时要代表员工。(　)

A. 正确　　B. 错误

52. 沟通对于班组管理非常重要，如果班组长和班组成员不能达成有效沟通，信息就无法流通，从而影响班组感情，出现关系不协调，最终影响班组工作效率。(　)

A. 正确　　B. 错误

53. 专业技术能力是指班组长需要具备的最基本的专业技能，除

掌握班组各工位基础理论知识之外（全线通），还包括职务能力和职责能力。(　)

A. 正确　　B. 错误

54. 班组成员陷入低潮时，不要对其进行批评、处罚等负面激励，要多肯定员工的优点和曾经取得的成绩，以此来提升他们的自信。(　)

A. 正确　　B. 错误

55. 个人执行力取决于其本人是否有良好的工作方式与习惯，是否熟练掌握管人与管事的相关管理工具，是否有正确的工作思路与方法，等等。(　)

A. 正确　　B. 错误

56. 班组沟通管理受时间、空间的限制，班组长与成员之间，班组成员之间可以随时、随地、按需进行沟通交流。(　)

A. 正确　　B. 错误

57. 班组长需要经常同生产管理组组长沟通，并且做到及时沟通，当生产进度出现问题时要分析原因及明确提出需要何种支持。(　)

A. 正确　　B. 错误

58. 班组长是生产一线的监督员与管理员，需要对公司和班组的各项规章制度的执行情况进行监督检查，对制度的执行情况进行验证，及时发现问题，采取措施，确保各项规章制度的

严格落实。（ ）

A. 正确 B. 错误

59. 沟通是指人与人之间的信息、思想、情感的交流过程，沟通具有双向性。（ ）

A. 正确 B. 错误

60. 班组长在工作中有计划、有目标、有时限地进行工作安排，可以提高员工的参与意识和积极性。（ ）

A. 正确 B. 错误

61. 对于中层管理者，班组长只需要执行决策即可。（ ）

A. 正确 B. 错误

62. 班组长是生产一线的指挥官，需要认真履行“一带头、二认真、三检查、四坚持”的职责。（ ）

A. 正确 B. 错误

63. 班组长是所在班组的安全生产第一责任者。（ ）

A. 正确 B. 错误

64. 回避是处理矛盾的一种方法。（ ）

A. 正确 B. 错误

65. 担任生产岗位班组长前，必须参加相应的资格培训，取得《班组长资格证书》。（ ）

A. 正确 B. 错误

66. 核心价值观是塑造员工行为的基本理念。（ ）

A. 正确　　B. 错误

67. 班组长要监督检查各岗位责任制的落实情况。(　　)

A. 正确　　B. 错误

68. 班组长越过直接领导，找总经理报告工作，会使中间岗位的设置失去存在的意义。(　　)

A. 正确　　B. 错误

69. 如果工作中出现了错误，班组长只需要向上级领导说明情况，不需要在大家面前承认错误。(　　)

A. 正确　　B. 错误

70. 马班长总是能够在上班的时间带领全班成员集中精力完成工作，下班后与家人一起吃饭照顾孩子，做适当的运动，在长假期间陪家人旅游度假。马班长的生活很充实也很愉快，这说明马班长能够保持生活和工作之间的平衡。(　　)

A. 正确　　B. 错误

71. 班组长应该尽量避免使用深奥的词汇或技术术语，使语义简单明确、直截了当。对于重要的信息，最好用不同的语汇或例子予以重复，以使别人能正确理解。(　　)

A. 正确　　B. 错误

72. 某团队领导刚被公司聘任，他想更加了解该团队中的成员。对于该团队领导来说，在与团队成员交流的过程中最应该强调的是倾听。(　　)

A. 正确　　B. 错误

73. 不管环境如何改变，管理者的领导方式都不能改变。(　)

A. 正确　　B. 错误

74. 班组长有权维护班组员工的合法权益。(　)

A. 正确　　B. 错误

75. 班组长要积极选用执行力强的人员，并通过树立标杆发挥带头作用，促进员工执行力的提升。(　)

A. 正确　　B. 错误

76. 个别职工总认为自己“有一手”，喜欢在别人面前“露一手”，表现一下自己的“能力”。以上的描述是指违章行为的从众心理。(　)

A. 正确　　B. 错误

77. 班组长应该通过行为来传送意思，做到言行一致，使信息真正具有意义，才易于被员工接受。(　)

A. 正确　　B. 错误

78. 班组长在指导员工时，要重视方法与技巧的指导与传授。(　)

A. 正确　　B. 错误

79. 管理是“做正确的事”和“正确地做事”。(　)

A. 正确　　B. 错误

80. “关于近期工作，我想从取得的成绩、存在的不足和下一步

的工作设想三个方面来讨论”这段话中的关键词、核心词是“取得的成绩、存在的不足、下一步的工作设想”。(　)

A. 正确　　B. 错误

81. 管理者存在的价值是集合员工的力量来实现企业的绩效。(　)

A. 正确　　B. 错误

82. 工作过程中，应减少批评和指责，合理地多利用表扬来激发员工的积极性。(　)

A. 正确　　B. 错误

83. 员工执行力的强与弱往往跟主管领导有着直接关系，所以作为一线管理者，班组长在工作时要充分发挥执行力强的带头作用。(　)

A. 正确　　B. 错误

84. 班组沟通管理的常用形式有安全活动、技术培训、班组长谈心、文件解读、绩效面谈等。(　)

A. 正确　　B. 错误

85. 时间对每个人都很宝贵，但是给自己积极的暗示不能帮助班组长减少时间浪费。(　)

A. 正确　　B. 错误

86. “四不伤害”是指不伤害自己、不伤害别人、不被别人伤害、保护别人不被伤害。(　)

A. 正确　　　　　　B. 错误

87. 从企业角度来看，评价性信息主要是为了方便了解员工过去的工作表现。(　)

A. 正确　　　　　　B. 错误

88. 有效沟通的黄金定律是以别人喜欢的方式去对待他们。(　)

A. 正确　　　　　　B. 错误

89. 有效沟通是确保执行到位的一项有效措施。(　)

A. 正确　　　　　　B. 错误

90. 一个领袖并不会建立一个企业，而是通过建立一个组织来建立企业。(　)

A. 正确　　　　　　B. 错误

91. 在超级竞争的环境里，做正确的事情很容易，正确地做事很困难。(　)

A. 正确　　　　　　B. 错误

92. 为提高员工的执行力，班组长应在工作中给员工大力施压。(　)

A. 正确　　　　　　B. 错误

93. 班组长与同级同事沟通时需要注意进行换位思考，从大局出发，避免感情用事，开辟多种沟通渠道。(　)

A. 正确　　　　　　B. 错误

94. 中层管理指的是：组织人力物力，并使其得到有效利用，以

期达到既定目标。( )

A. 正确　　B. 错误

95. 有沟通必然存在分歧，而沟通也是解决分歧最有效的方式。( )

A. 正确　　B. 错误

96. 作为一线管理者，班组长应该加强自身管理能力的提升，可以弱化技术知识和专业技能的学习。( )

A. 正确　　B. 错误

97. 班组长在班组中起着厂部、车间两级领导的代表作用，具体负责厂部、车间所布置任务的贯彻落实。( )

A. 正确　　B. 错误

98. 班组长要有感恩的心，要学会感激在背后支持你的班组成员。( )

A. 正确　　B. 错误

99. 在企业的纵向结构上，班组长既处于管理层又处于执行层。( )

A. 正确　　B. 错误

100. 自信的沟通状态能增进跨团队沟通。( )

A. 正确　　B. 错误

101. 班组长沟通不是局限性的，应体现在日常工作的各种具体问题上，通过站在员工的角度进行思考，更容易找到沟通的融

洽点。换位思考有助于达到沟通效果。(　　)

A. 正确　　　　B. 错误

102. 班组长无权推荐本班组优秀员工学习深造和晋级。(　　)

A. 正确　　　　B. 错误

103. 影响沟通有效性占比最高的是身体语言。(　　)

A. 正确　　　　B. 错误

104. 马斯洛需求层次理论所述人的最高层次需求是活出生命意义的需求。(　　)

A. 正确　　　　B. 错误

105. 汉堡原理的作用是提醒管理者绩效面谈的作用在于帮助员工改善绩效，而非抓住员工的错误和不足不放。(　　)

A. 正确　　　　B. 错误

106. 班组长具有双重身份，既代表领导者一方，又代表班组成员。(　　)

A. 正确　　　　B. 错误

107. 班组长在班组中起着厂部、车间两级领导的代表作用，具体负责厂部、车间所布置任务的贯彻落实。(　　)

A. 正确　　　　B. 错误

108. 根据马斯洛需求层次理论的表述，人只有低级层次的需求被满足之后才会追求更高级的需求。(　　)

A. 正确　　　　B. 错误

109. 班组长应具有善于做思想政治工作和知人善任的能力。(　)

A. 正确　　B. 错误

110. 组内竞争对表现好的员工能够起到正向激励作用，对于后进的员工也能够起到刺激作用。(　)

A. 正确　　B. 错误

111. 班组中的沟通是指为了实现预定的班组目标，将信息、思想和情感在班组成员或班组群体间传递，并取得共识的过程。(　)

A. 正确　　B. 错误

112. 管理者给下属提供绩效反馈的目的是让下属开始继续做某些行为、停止做某些行为或开始新的行为。(　)

A. 正确　　B. 错误

113. 团队精神的基础就是尊重个人的兴趣与成就。其核心就是协同合作，全体成员的向心力、凝聚力，也就是个体利益与整体利益的统一，然后推动团队高效率运转。(　)

A. 正确　　B. 错误

114. “工作学习化，学习工作化”是建设学习型班组的内涵之一。(　)

A. 正确　　B. 错误

115. 工作协调的核心目标是将事情做得更好、更有效。(　)

A. 正确　　B. 错误

116. “用人不疑，疑人不用”说明信任是沟通的基础，用人必须充分相信他所做的一切事情。(　　)

A. 正确　　　　B. 错误

117. 为了确认他人理解正确，可以让其他人概述或复述。(　　)

A. 正确　　　　B. 错误

118. 沟通是人与人之间交往的重要形式，是一个人超越自身，与他人建立联系，并通过这种联系丰富和扩展自身的主要途径。(　　)

A. 正确　　　　B. 错误

119. 管理者应具备的指挥能力可以理解为管理者能有效调动各种资源。(　　)

A. 正确　　　　B. 错误

120. 马斯洛需求层次理论认为，人的需求分为生理、安全、感情、尊重、自我实现等五个层次。(　　)

A. 正确　　　　B. 错误

121. 具有人格魅力的班组长能更好地凝聚团队力量，更有利于班组工作的顺利开展。(　　)

A. 正确　　　　B. 错误

122. 倾听各种观点、广泛征求班组成员意见表明班组长对班组成员自我意识的尊重。(　　)

A. 正确　　　　B. 错误

123. 激励是班组长可采纳的最好的领导方式。(　)

A. 正确　　B. 错误

124. 坚持己见、绝不通融不利于班组长建立良好的班组关系。(　)

A. 正确　　B. 错误

125. 冲突的原因主要包括沟通不良、成员间缺乏坦诚与信任、管理者不能满足组织成员的某些需求等。(　)

A. 正确　　B. 错误

126. 王班长喜欢将具体的任务交给一个人或一个小组，授予他们充分的职权，让他们作出决定、解决问题，而他只在需要时提供帮助，王班长的领导方式属于命令。(　)

A. 正确　　B. 错误

127. 俗话说“兵熊熊一个，将熊熊一窝”，说明了班组长素质提升的重要性。(　)

A. 正确　　B. 错误

128. 对于一名班组长而言，根据其定位，要求集中精力关注现场工作中的每一个环节，绝不能有丝毫的疏忽。(　)

A. 正确　　B. 错误

129. 如果组员犯错误，班组长可以直接用强制的手段，如进行严厉的批评。(　)

A. 正确　　B. 错误

130. 为了体现领导的权威，在下行沟通中上级可以摆点官架。(　　)

A. 正确　　B. 错误

131. 班组长要想取得良好的学习效果，每天还需要进行工作之外的自主学习。(　　)

A. 正确　　B. 错误

132. 在沟通过程中，想讲清楚可借助语词、语气语调、肢体语言。其中，肢体语言的决定作用更大。(　　)

A. 正确　　B. 错误

133. 企业欢迎统筹安排型的班组长。(　　)

A. 正确　　B. 错误

134. 小王最近感觉工作非常多，他的工作经常无法在正常的上班时间内完成，心情异常烦躁，他甚至时常感到头疼。小王的这种情况属于压力过度，为了缓解这一境况，他应该把工作拿回家做。(　　)

A. 正确　　B. 错误

135. 传统冲突观点认为对于所有群体和组织来说，冲突都是与生俱来的，是组织发展不可避免的后果。(　　)

A. 正确　　B. 错误

136. 某公司将目标管理演变为指标化管理。一年多来，张班长发觉这一管理方法容易使大伙儿过分关注短期目标。(　　)

A. 正确 B. 错误

137. 个人没有竞争力，主要原因在于漠视责任。（ ）

A. 正确 B. 错误

138. 所谓领导型的管理者，是指管理者懂得如何对部下施加影响力，在工作中不断有所创新，有非常强的应变能力。（ ）

A. 正确 B. 错误

139. 内容型激励理论强调需要的满足。（ ）

A. 正确 B. 错误

140. 新职班组长需经班组管理知识培训合格后方可任职。（ ）

A. 正确 B. 错误

141. 沟通可以达到不同的目的，主要有传达信息通知、理解对方、改变人的行为。（ ）

A. 正确 B. 错误

142. 教练式管理的过程也就是实现一个目标的过程，只着重于目标的实现。（ ）

A. 正确 B. 错误

143. 管理沟通的基本出发点是搞清楚沟通的目标和自己的角色。（ ）

A. 正确 B. 错误

144. 班组长同下级同事沟通的主要形式是下达命令。（ ）

A. 正确 B. 错误

145. 在班组日常工作中，当员工遇到问题、困难时，班组长应该直接告诉其答案。( )

A. 正确　　B. 错误

146. 沟通促进形成健康、积极的企业文化。( )

A. 正确　　B. 错误

147. 人生就是角色，角色就是责任，责任就是价值。( )

A. 正确　　B. 错误

148. 管理者，重在带领和引导；领导者，重在贯彻执行。( )

A. 正确　　B. 错误

149. 班组长既是班组的组织领导者，又是一线的生产指挥者。( )

A. 正确　　B. 错误

150. 教练式班组长要善于启发班组成员学习、观察与思考，训练他们养成良好的工作方法与习惯。( )

A. 正确　　B. 错误

151. 处理对方的异议需要倾听，然后回应。( )

A. 正确　　B. 错误

152. 确认自己的理解可以一字不变地重复对方的原话。( )

A. 正确　　B. 错误

153. 倾听的最高境界是专注聆听。( )

A. 正确　　B. 错误

154. 班组长需要清楚企业的战略定位，应从企业的远景和使命陈述把握。(　　)

A. 正确　　　　B. 错误

155. 为确保沟通效果，班组长应直接与员工对某件具体工作交换意见并取得共识。(　　)

A. 正确　　　　B. 错误

156. 防止工伤和重大安全事故是班组长的使命之一。(　　)

A. 正确　　　　B. 错误

157. 市场领导者希望在每个方面都比竞争对手做得更好。(　　)

A. 正确　　　　B. 错误

158. 班组长在与团队成员沟通或布置安排工作任务时，使用语句尽量简单明了，让班组员工清楚表述的重点是什么，最好能用几句话概括出自己的想法并突出要点。(　　)

A. 正确　　　　B. 错误

159. 班组长在管理员工的时候，除了用物质激励以外，还要让班组员工看到未来和希望，给员工以盼头。(　　)

A. 正确　　　　B. 错误

160. 班组长是企业中人数相当庞大的一支队伍。班组长综合素质的高低，决定着企业的政策能否顺利实施，因此班组长是否尽职尽责至关重要。(　　)

A. 正确　　　　B. 错误

161. 班组长需要运用科学的方法，消除作业现场的安全隐患，达到预防事故灾害、实现安全作业的目的，有效地避免人员伤害、生产损失。(　)

A. 正确　　B. 错误

162. 在沟通之前，应该仔细想清楚自己要说什么，想表达什么。(　)

A. 正确　　B. 错误

163. 工作中有三种时间，它们是作业时间、多余时间和无效时间。(　)

A. 正确　　B. 错误

164. 班组长在学习和工作中要善于发现问题，带着问题去学习。(　)

A. 正确　　B. 错误

165. 概括总结可以简要地复述对方的观点。(　)

A. 正确　　B. 错误

166. 沟通不是达到和谐管理的一个工具、桥梁和方法。(　)

A. 正确　　B. 错误

167. 班组长要用老板的标准要求自己，对自己有比较高的要求。(　)

A. 正确　　B. 错误

168. 要保证培训对员工的激励作用，关键是保证培训效果，让参

加培训的员工有所收获。( )

A. 正确 B. 错误

169. 班组长的行为能够影响班组的激励水平，这些行为包括自己做榜样。( )

A. 正确 B. 错误

170. 在班组日常管理中，班组长具有劳动组织权。( )

A. 正确 B. 错误

171. 那件事我告诉他了，所以我已经和他沟通了。( )

A. 正确 B. 错误

172. 高速增长的公司把更多的精力放在研究如何打败竞争对手上。( )

A. 正确 B. 错误

173. 物质激励是运用物质的手段使受激励者得到物质上的满足，班组长应多采取此种激励。( )

A. 正确 B. 错误

174. 在班组日常管理中，班组长具有生产指挥管理权。( )

A. 正确 B. 错误

175. 在沟通中，确认他人的理解可以让其他人概述或复述。( )

A. 正确 B. 错误

176. 班组长在感到自我情绪不佳时，应及时自我调整和控制情绪，不把情绪带到工作中。( )

A. 正确　　　　　　　　　　B. 错误

177. 沟通是班组长需要掌握的一项重要能力，有效的沟通可以促进工作的开展。(　　)

A. 正确　　　　　　　　　　B. 错误

178. 班组长只需要做好本班组的管理工作即可，无须考虑与其他班组的关系。(　　)

A. 正确　　　　　　　　　　B. 错误

179. 在所管辖的团队内，对自己的业务娴熟，能够指导下属并向上司提供建议，帮助正确判断，这是班组长开展工作必须具备的能力。(　　)

A. 正确　　　　　　　　　　B. 错误

180. 例外管理原则就是要紧抓规范化管理。(　　)

A. 正确　　　　　　　　　　B. 错误

181. 降低成本是班组长的使命之一。(　　)

A. 正确　　　　　　　　　　B. 错误

182. 班组长的任职条件要求班组长能够带领职工按时保质保量地完成各项生产任务。(　　)

A. 正确　　　　　　　　　　B. 错误

183. 过程性激励理论强调过程的有效性。(　　)

A. 正确　　　　　　　　　　B. 错误

184. 作为班组长，在努力使班组成员的发展符合他们需要的同

时，还必须确保班组成员的发展与企业和班组的目标一致。(　　)

A. 正确　　B. 错误

185. 流程创造价值。(　　)

A. 正确　　B. 错误

186. 班组长应具有较强的现场决断能力。班组的决断与高层的决策不同，高层决策是战略性的，需要详尽周密地分析论证，然后拿出系统的方案；班组长的决断，差不多属于战术性的，需要及时解决实际问题。(　　)

A. 正确　　B. 错误

187. 班组长在管理中必须遵循“管理无小事”的原则。(　　)

A. 正确　　B. 错误

188. 为减少不必要的协调管理流程，班组长要做到培养和引导班组内成员建立职务意识；制定工作程序、工作标准规范、工作方法；制订工作计划与目标；建立畅通的沟通渠道，培养员工的沟通技巧。(　　)

A. 正确　　B. 错误

189. 班组长应及时掌握新技术、新装备、新工艺和新规章。(　　)

A. 正确　　B. 错误

190. 班组长是企业生产指挥的“兵头将尾”。(　　)

A. 正确　　B. 错误

191. 班组长要不断调整自己过去的思维模式，建立一种多元化的立体思维方式，从不同角度去观察和思考问题。(　)

A. 正确　　　　B. 错误

192. 班组长无权根据生产活动的需要调整本班组的劳动组织。(　)

A. 正确　　　　B. 错误

193. 学习型组织的核心理念是学习和创新。(　)

A. 正确　　　　B. 错误

194. 在与上级沟通时遇到自己无法解答的问题，应尽量回避。(　)

A. 正确　　　　B. 错误

195. 小王是马班长班组里的一员，马班长发现小王不能很好地把握自己的工作内容，经常出错。但是他又不愿通过主动学习和努力工作来弥补自己的缺陷。针对小王这种状况，马班长应以小王处于不能胜任并且不情愿的情态，来决定其领导方式。(　)

A. 正确　　　　B. 错误

196. 领导者成熟度构成要素，包括领导者的业务水平、领导者的敬业精神、领导者的心理承担能力、领导者在领导岗位的工作年限。(　)

A. 正确　　　　B. 错误

197. 班组长要经常检查工种安全操作规程的落实情况。(　　)

A. 正确　　B. 错误

198. 规范化管理可以完全避免日常生产活动出现差错，增强企业的核心竞争力。(　　)

A. 正确　　B. 错误

199. 班组长只要把工作任务安排给组员就可以了，自己不用到工作现场。(　　)

A. 正确　　B. 错误

200. 班组长管理“财”是对生产资金的管理。(　　)

A. 正确　　B. 错误

201. 在紧急情形下，班组长采取命令式的领导方式是十分必要的。(　　)

A. 正确　　B. 错误

202. 缺点列举法需要高深的理论基础，要求班组长进行系统学习。(　　)

A. 正确　　B. 错误

203. 班组长应具备以精益改善为核心、安全生产主线不动摇的管理思想。(　　)

A. 正确　　B. 错误

204. 小王认为人和人之间是有很大差异的，如生活经验、思维模式、个性、工作方式、价值观和信念、文化背景、兴趣等的

不同，会导致我们对事物的解释不同，在工作生活中，应尽量使自己的认识偏差最小。(　　)

A. 正确　　B. 错误

205. 团队成员都希望受到领导的重视，并且都有表达自己意愿的愿望。因此，班组长良好的倾听能力可获得班组成员的支持。(　　)

A. 正确　　B. 错误

206. 通过命令可以建立人们行为的一致性。(　　)

A. 正确　　B. 错误

207. 领导应该具有分辨部属的特性与现况的技能。(　　)

A. 正确　　B. 错误

208. 倾听能够获取重要的信息。(　　)

A. 正确　　B. 错误

209. 班组长在日常工作中，办事公正是一个最起码的前提。(　　)

A. 正确　　B. 错误

210. 班组长可以利用幽默批评下属，这样不会使下属感到难堪。当然，对于那些悟性较差或顽固不化的人，幽默往往起不了作用。(　　)

A. 正确　　B. 错误

211. 在班组日常管理中，班组长具有抵制违章权。(　　)

A. 正确　　B. 错误

212. 责任胜于能力，其实是否定能力的重要性。(　)

A. 正确　　B. 错误

213. 班组长是主管人员下达的命令和决定的执行者，是主管人员和作业人员之间的桥梁，是管理精神的传播窗口。(　)

A. 正确　　B. 错误

214. 班组长是生产一线的监督员与管理员，需要对公司和班组的各项规章制度的执行情况进行监督检查，对制度的执行情况进行验证，及时发现问题，采取措施，确保各项规章制度的严格落实。(　)

A. 正确　　B. 错误

215. 行为决定思维，思维决定价值观。(　)

A. 正确　　B. 错误

216. 工作环境的改变要求班组长必须持续学习，以提高管理能力和管理水平。(　)

A. 正确　　B. 错误

217. 组织能力是非常重要的，它是衡量班组长是否合格的关键指标之一。(　)

A. 正确　　B. 错误

218. 班组长在制定工作目标时，要事前计划周详、事中管理执行到位。(　)

A. 正确　　B. 错误

219. 向领导汇报工作一般可分为五个步骤：背景描述—工作过程—成绩总结—下一步打算—需要领导支持解决的问题。(　　)

A. 正确　　B. 错误

220. 创造性思维是进行创造性活动所必须具备的重要心理要素，是创新活动能否成功的基础。(　　)

A. 正确　　B. 错误

221. 班组长的使命是提高产品质量、提升顾客满意率、提高工作效率、降低成本、防止工伤和重大事故的发生。(　　)

A. 正确　　B. 错误

222. 根据权变管理理论，文化水平普遍比较低的班组，在管理中要更多地运用命令的方式，显得比较专制一些；而对文化素质较高的员工则不宜用这种方法，应该更加以人为中心，多征求大家的意见，这也是一种权变。(　　)

A. 正确　　B. 错误

223. 企业管理知识构成了一个三维空间，由管理理论维、管理职能维及管理业务维组成。(　　)

A. 正确　　B. 错误

224. 班组长执行规章制度要先宽后严。(　　)

A. 正确　　B. 错误

225. 班组激励中目标设置要注意合理性和差异性。(　　)

A. 正确　　　　　　　　B. 错误

226. 班组长的任职条件要求是本单位班组长预备职或是其他岗位班组长。(　　)

A. 正确　　　　　　　　B. 错误

227. 班组长应站在员工的角度来体会员工，考虑他们的需求，了解他们所处的环境和他们的真实感受。(　　)

A. 正确　　　　　　　　B. 错误

228. 职业人“三敬”包括敬人、敬业、敬己。(　　)

A. 正确　　　　　　　　B. 错误

229. 班组长不应该营造有压力的工作氛围让员工产生危机感，因为这样不利于执行力的提升。(　　)

A. 正确　　　　　　　　B. 错误

230. 管理的核心是管人，班组长要具有“把人管住”“把人管好”的能力。(　　)

A. 正确　　　　　　　　B. 错误

231. 班组长有权对班组员工进行物质或精神方面的奖励，目的是激励取得成绩的员工争取做得更好，班组长的这种权力就是奖励权，这种做法被称为正激励，有人将其形容为“哄着朝前走”。(　　)

A. 正确　　　　　　　　B. 错误

232. 在班组日常管理中，班组长要牵头和担责，让员工执行就可

以了。(　)

A. 正确　　　　B. 错误

233. 班组长应尽量多地使用公开表扬。(　)

A. 正确　　　　B. 错误

234. 挫折是指个体愿望遭受到阻碍之后所引起的心理行为变化。(　)

A. 正确　　　　B. 错误

235. 授权是班组长可采纳的最好的领导方式。(　)

A. 正确　　　　B. 错误

236. 班组长在用人的过程中应本着量才使用，扬长避短，既能容短，又能容长的原则。(　)

A. 正确　　　　B. 错误

237. 在跨部门沟通中要选择合适的时机进行沟通，不要选择他人过于忙碌的时候。(　)

A. 正确　　　　B. 错误

238. 制作关键路径图（PERT）要注意识别必须完成的具体活动；确定必须完成的顺序；画出从开始到完成的顺序图，识别各项活动之间的关系；计算每项工作时间；根据每项工作时间制定整个工作时间。(　)

A. 正确　　　　B. 错误

239. 责任是高效执行的保证。(　)

A. 正确 B. 错误

240. 班组长的权力不包括决策权。( )

A. 正确 B. 错误

241. 班组文化前进一小步，团队管理提高一大步。( )

A. 正确 B. 错误

242. 作为班组长，应把握授权技能，但在自己想舍弃一些职责的情形下不能授权。( )

A. 正确 B. 错误

243. 在班组日常管理中，班组长具有维护权益权。( )

A. 正确 B. 错误

244. 班组长的任职条件要求班组长熟悉并掌握本职应知应会和有关知识。( )

A. 正确 B. 错误

245. 明确沟通目标，只要想清楚“我希望为自己实现的目标是什么”就可以了。( )

A. 正确 B. 错误

246. 班组长只有建设好团队，才能实现企业与团队管理目标，具体来说，团队建设管理方法有设定团队目标、培训核心成员、激发团队士气三部分。( )

A. 正确 B. 错误

247. 报告或举报是上下及时沟通信息、迅速整改排除事故隐患、

防止事故发生的重要方法。(　　)

A. 正确　　　　B. 错误

248. 班组长不一定要具备价值弹性，不用包容、承受员工不能承受的压力、委屈等。(　　)

A. 正确　　　　B. 错误

249. 班组长工作如何，直接关系到企业生产经营活动能否正常进行和经济效益如何。(　　)

A. 正确　　　　B. 错误

250. 企业变革需要时间，在这个过程中，班组长应发展自己的核心竞争力。(　　)

A. 正确　　　　B. 错误

251. 5WIH 是为了传达正确的情报，或确认现象时，没有纰漏发生的表示方法。(　　)

A. 正确　　　　B. 错误

252. 班组长应将自己的定位由关怀自身业绩转变为关注整个团队的业绩。(　　)

A. 正确　　　　B. 错误

253. 与班组成员的交流中，班组长在概括总结时可以简要地复述对方的观点。(　　)

A. 正确　　　　B. 错误

254. 班组长的职责包括：生产管理、组织管理和辅助上级。(　　)

A. 正确　　B. 错误

255. 在班组日常管理中，班组长具有奖惩建议权。(　)

A. 正确　　B. 错误

256. 班组长的基本素质直接影响到整个班组的人员、技术、管理的水平，决定着整个班组的成效。(　)

A. 正确　　B. 错误

257. 岗位作业指导书的培训流程是“五他（她）法”。(　)

A. 正确　　B. 错误

258. 执行力就是按质、按量、按时完成自己的工作，是反映一个班组长的管理水平和工作效率的重要标志。(　)

A. 正确　　B. 错误

259. 班组长作为班组团队中的最高领导，就必须站在合适的高度说得体的话，在发号施令、沟通等时候，要把握好“度”，要让对方愿意听，听得舒心、听得进去。良好的沟通有助于构筑良好的信赖关系。(　)

A. 正确　　B. 错误

260. 人员沟通的最佳效果法则是“刺猬法则”。(　)

A. 正确　　B. 错误

261. 怯场的症状包括心跳加速、手发抖、掌心出汗、坐立不安等。不是每个演讲者都曾有过这些症状。(　)

A. 正确　　B. 错误

262. 沟通的目的是人们在沟通中首先要考虑的因素，沟通的方式和沟通的目的没有什么关系。(　)

A. 正确　　B. 错误

263. 那些即使充分提供也不会使顾客感到特别兴奋和满意，一旦不足就会引起强烈不满的质量特性是必须特性。(　)

A. 正确　　B. 错误

264. 作为复合型技能人才的班组长，要做到“工作学习化，学习工作化”。(　)

A. 正确　　B. 错误

265. 领导就是通过影响他人或群体实现组织目标的过程。(　)

A. 正确　　B. 错误

266. 高效职业生产力的四大策略：品牌策略、营销策略、服务策略、核心竞争力策略。(　)

A. 正确　　B. 错误

267. 学习型班组长是学习型班组的设计师和教师。(　)

A. 正确　　B. 错误

268. 班组长的影响力是靠班组长的职位营造的，具有职权的因素。(　)

A. 正确　　B. 错误

269. 个人影响力是现代领导科学中尤为强调的一种领导能力，它并非强制性的权力，而是指管理者靠个人的人格魅力影响员

工的工作。(　)

A. 正确　　B. 错误

270. “急事慢慢说”是鲍威尔唯一的成功秘诀。(　)

A. 正确　　B. 错误

271. 优秀的班组长通常是以一种领导方式为主。(　)

A. 正确　　B. 错误

272. 班组长必须跟上变化的步伐，不断加强政治理论、科学知识和业务知识的学习，扩大自身的知识面，带头参加技术比武、岗位练兵、QC 小组等活动。(　)

A. 正确　　B. 错误

273. 在班组中，无论是班组成员还是班组长，都不能将个人利益凌驾于班组利益之上。(　)

A. 正确　　B. 错误

274. 班组成员的考核工作由人力资源部门完成，不需要班组长参与。(　)

A. 正确　　B. 错误

275. 管理者进行管理的目的是使他的下属能够快速地完成工作。(　)

A. 正确　　B. 错误

276. 领导者在通过对他人施加影响来达到组织目标的过程中，主要发挥指挥、协调和激励三方面的作用。(　)

A. 正确　　　　　　　　B. 错误

277. 跨团队沟通时充分使用资讯及数据能增强说服力。(　)

A. 正确　　　　　　　　B. 错误

278. 班组长需要根据不同的对象选择不同的批评方式。(　)

A. 正确　　　　　　　　B. 错误

279. 团队动荡期需要指挥型团队领导行为。(　)

A. 正确　　　　　　　　B. 错误

280. 对于班组长而言，激励实际上就是通过满足组员的需要而使其努力工作，从而实现班组目标的过程。(　)

A. 正确　　　　　　　　B. 错误

281. 要求工作完成情况完美无缺会导致压力过度。(　)

A. 正确　　　　　　　　B. 错误

282. 学习能力是在学习过程中形成和发展起来的，是学习主体运用科学的学习方法独立获取、加工和利用信息，分析和解决实际问题的一种能力。(　)

A. 正确　　　　　　　　B. 错误

283. 在班组会议发言中，班组长应多说话、多表达、多分享，以便对班组成员起到引导作用。(　)

A. 正确　　　　　　　　B. 错误

284. 在班组长的日常工作中，面对面的交流是沟通的主要形式，同时也可以通过书面形式、体态语言形式、电子媒介形式

等。(   )

A. 正确　　　　　　　　B. 错误

285. 企业最欢迎外科医生型的班组长。(   )

A. 正确　　　　　　　　B. 错误

286. 造成部门间沟通障碍的主要因素是领导安排工作不合理。(   )

A. 正确　　　　　　　　B. 错误

287. 在班组管理过程中，有时候，暂时的回避也是班组长对待冲突的一种方法。(   )

A. 正确　　　　　　　　B. 错误

288. 班组长的首要任务是把工作任务安排好，本人是否要到工作现场并不是太重要。(   )

A. 正确　　　　　　　　B. 错误

289. 班组长的基本素质包括知识、技能和职业素养。(   )

A. 正确　　　　　　　　B. 错误

290. 班组长的指挥、管理权具体体现在：有权安排计划，分解指标；有权布置工作，分配任务；有权调度生产；有权内部协调，发出指令。(   )

A. 正确　　　　　　　　B. 错误

291. 潜意识是显意识能量的一万倍。(   )

A. 正确　　　　　　　　B. 错误

292. 班组长应该具有分辨班组员工的特性与发展潜力的能力。(　)

A. 正确　　　　B. 错误

293. 班组长应根据技艺、岗位、能力大小、动作快慢合理搭配组合劳动力，发挥群体效能。(　)

A. 正确　　　　B. 错误

294. 激励的关键在于调动和激发员工的积极性。积极性是员工在工作时一种能动的、自觉的心理和行为状态。这种状态可以促使员工的智力和体力充分地释放出来，并导致一系列积极的行为。(　)

A. 正确　　　　B. 错误

295. 人际关系最本质的问题是交际来源于需求。(　)

A. 正确　　　　B. 错误

296. 班组长的任职条件是要求班组长参加拟提职岗位技术业务培训并考试合格。(　)

A. 正确　　　　B. 错误

297. 班组学习形式仅限于灌输式的培训、讲座。(　)

A. 正确　　　　B. 错误

298. 期望和现实之间的差距形成我们的压力来源。(　)

A. 正确　　　　B. 错误

299. 命令是班组长可采纳的最好的领导方式。(　)

A. 正确　　　　B. 错误

300. 在所有的管理中，总有一种管理“风格”是最好的。(　　)

A. 正确　　　　B. 错误

301. 班组长是一线指挥官，因此提倡埋头苦干。(　　)

A. 正确　　　　B. 错误

302. 班组长既是司令又是政委，但不是兵。(　　)

A. 正确　　　　B. 错误

303. 在班组层面，有效的领导方式与环境和个性无关。(　　)

A. 正确　　　　B. 错误

304. 管理具有显著的科学性，然而，管理过程中的诸多不确定因素使管理本身无法完全量化，因此，管理又具有一定的艺术性。(　　)

A. 正确　　　　B. 错误

305. 跨文化团队建设的五步骤是：团队成员挑选，承认差异团队，建立愿景或超常目标，共享权利，提供反馈。(　　)

A. 正确　　　　B. 错误

306. 在生产管理中班组长组织水平的高低，关键体现在如何协调各岗位之间、各道工序之间的关系，尤其体现在多岗一事和交接班的接口中。(　　)

A. 正确　　　　B. 错误

307. 班组长在安排班组生产作业计划时所遵循的优先原则是指交

货期越早的要优先安排生产。(　)

A. 正确　　B. 错误

308. 沟通能力是一种本能。(　)

A. 正确　　B. 错误

309. 不制订工作目标、事前打算不周详、事中管理执行不到位，往往会令班组长无功而返。(　)

A. 正确　　B. 错误

310. 执行力指的是贯彻战略意图、完成预定目标的操作能力，是把企业战略、规划转化为效益、成果的关键。(　)

A. 正确　　B. 错误

311. 班组及班组长的执行力直接影响着生产的进度、人员的稳定、产品的品质，与企业预期目标的实现有着直接的关系。(　)

A. 正确　　B. 错误

312. 现代企业班组长的主要职责可以分为两个方面，即生产（服务）管理和人员管理。(　)

A. 正确　　B. 错误

313. “效益第一”原则是班组长可采纳的最好的领导方式。(　)

A. 正确　　B. 错误

314. 班组长要自觉把自己的行动同维护企业大局、维护班组利益联系起来，树立正确的价值观，努力以自身的人格魅力来凝

聚人心。(　)

A. 正确　　B. 错误

315. 领导者执行规章制度时，要遵循先严后宽的原则。(　)

A. 正确　　B. 错误

316. 班组长的基本素质直接影响到整个班组的人员、技术、管理的水平，决定着整个班组的成效。(　)

A. 正确　　B. 错误

317. 班组长要控制生产的进度和目标，安排员工做事以后，要对员工工作完成情况进行检查和控制。(　)

A. 正确　　B. 错误

318. 封闭式问题不利于我们控制沟通内容。(　)

A. 正确　　B. 错误

319. 沟通的有效性一方面是指沟通达到预期目标的程度；另一方面是体现组织中管理运行机制的效果。(　)

A. 正确　　B. 错误

320. 沟通过程中，要诚实回应但不评判、不挑剔。(　)

A. 正确　　B. 错误

321. 班组长在指导员工时，要重视方法与技巧的指导与传授。(　)

A. 正确　　B. 错误

322. 员工能够主动参与班组重要目标的制定，对管理者来说具有

良好的激励效果。(　)

A. 正确　　B. 错误

323. 危机决策力是指危机情景下的快速决断能力。(　)

A. 正确　　B. 错误

324. 班组长是一个班组成长的基石，要不断去学习新知识，不仅要在理论上提升高度，在实际生活中也要不断地提升高度。(　)

A. 正确　　B. 错误

325. 成就动机理论把人的高层次需求归纳为对成就、权力和亲和的需求。(　)

A. 正确　　B. 错误

326. 班组长个人执行力等同于班组执行力，班组长的执行力提升了，班组整体的执行力自然而然就会提升。(　)

A. 正确　　B. 错误

327. 政治思想素质是选择班组长的首要条件。(　)

A. 正确　　B. 错误

328. 一个坏的微小机制，若不及时引导调节，会带来非常大的灾难。(　)

A. 正确　　B. 错误

329. 班组长应经常与班组员工进行沟通，在贯彻企业业务指标和团队目标任务过程中有助于达成共识。(　)

A. 正确　　B. 错误

330. 团队的出色表现有赖于管理者持续不懈地对队员进行教练般的协助、引导与提升。(　　)

A. 正确　　B. 错误

331. 当一个班组长，一定要学会时间管理，把所有的事情列一个表，分清楚先后主次、轻重缓急，不要顾此失彼，要学会弹钢琴。(　　)

A. 正确　　B. 错误

332. 承担责任，只有对错，没有选择。(　　)

A. 正确　　B. 错误

333. 有效地与他人共事的能力是指领导者的知识技能。(　　)

A. 正确　　B. 错误

334. 有效地与他人共事的能力是指领导者的人际技能。(　　)

A. 正确　　B. 错误

335. 班组长应具有沟通和协调班组内外关系的能力。(　　)

A. 正确　　B. 错误

336. 危机决策是例行性的决策活动。(　　)

A. 正确　　B. 错误

337. 要改变班组长的管理现状，首先要明确班组长在企业中的地位和作用，也就是班组长的价值所在。(　　)

A. 正确　　B. 错误

338. 班组长要有使命感，要考虑所做的事情能使多少人受益，而不是仅仅为自己利益。(　　)

A. 正确　　　　B. 错误

339. 精神激励的方法多种多样，如荣誉激励、尊重激励、信任激励、参与激励、授权激励等。(　　)

A. 正确　　　　B. 错误

340. 班组长在班组经济核算中起到了桥梁纽带的作用，但不是组织者和领导者。(　　)

A. 正确　　　　B. 错误

341. 与班组长职务密切相关的原则有：劳动分工原则、权力与责任原则、纪律原则、统一领导原则、个人利益服从整体利益的原则、公平原则、团队精神原则。(　　)

A. 正确　　　　B. 错误

342. 班组长不用经常考虑“采取措施”，检查、计划、实施方案可以根据现场工作进行实践。(　　)

A. 正确　　　　B. 错误

343. 表达认同感和同理心有助于放松对方的心理戒备，有利于加强沟通、建立信任并鼓励合作。(　　)

A. 正确　　　　B. 错误

344. 对班组长的素质要求包括职业道德、组织管理能力、专业技术水平和文化知识素养。(　　)

A. 正确　　B. 错误

345. 班组长同部门领导沟通主要通过口头汇报的形式。(　)

A. 正确　　B. 错误

346. 研究表明，生命活动的维持需要一定水平的外界刺激。(　)

A. 正确　　B. 错误

347. 一个人是否具有影响力，取决于许多因素，智商高不属于影响力的范畴。(　)

A. 正确　　B. 错误

348. 班组长只需要具备问题意识就可以了。(　)

A. 正确　　B. 错误

349. 在员工陷入情绪低潮或班组遭遇挫折时，班组长的激励能力很重要。(　)

A. 正确　　B. 错误

350. 为避免影响员工的正常工作，班组长不应到工作现场走动。(　)

A. 正确　　B. 错误

351. 岗位作业指导书的编制原则是 5W1H。(　)

A. 正确　　B. 错误

352. 管理者应具备的管理能力，能够有效地调动各种资源。(　)

A. 正确　　B. 错误

353. 管理是为了最大限度地开发人的能力，而不是把人管住。(　)

A. 正确　　B. 错误

354. 班组长要代表三个立场：对下代表经营者的立场，对上代表生产者的立场，对待直接上司既代表员工的立场，同时又代表上司的辅助人员的立场。(　)

A. 正确　　B. 错误

355. 班组长在制订工作计划之前要对自己的工作、内外环境进行详细的调查研究，找出问题所在。(　)

A. 正确　　B. 错误

356. 自我评价，最重要的态度是实事求是。(　)

A. 正确　　B. 错误

357. 班组长无权根据本单位的规章制度制订本班组工作的实施细则。(　)

A. 正确　　B. 错误

358. 技能素质是指具有能够胜任某一具体工作的岗位技能。(　)

A. 正确　　B. 错误

359. 创新是一个民族进步的灵魂，是一个国家兴旺发达的不竭动力。(　)

A. 正确　　B. 错误

360. 具有出色的执行力是成为合格管理干部的重要通行证。(　)

A. 正确　　B. 错误

361. 班组长要想提高个人执行力，不仅要调整好心态、提升自身

素质、端正工作态度，更要有效运用一定的管理工具和方法。(　　)

A. 正确　　B. 错误

362. 不同管理层次的技能要求不同，班组长、一线主管的技能结构主要是专业技能和人际技能。(　　)

A. 正确　　B. 错误

363. 班组长不需要建立内部正式的和非正式的互动式沟通和反馈渠道，通过情感的沟通，也可以了解不同员工的不同需求，了解不同时期的需求重点。(　　)

A. 正确　　B. 错误

364. 班组长要增加人格魅力，树立良好的个人威望，取得班组成员的尊重与信任。(　　)

A. 正确　　B. 错误

365. 自尊是对外界环境对待自己的感受。(　　)

A. 正确　　B. 错误

366. 班组长有权根据生产情况调整分配班组人员工作，出现危及行车或人身安全情况时，有权果断处理。(　　)

A. 正确　　B. 错误

367. 班组长通过学习可以获得知识，提高素质和素养。这代表他具备了相应的管理能力。(　　)

A. 正确　　B. 错误

368. 个人角色不是自我的一部分。(　　)

A. 正确　　B. 错误

369. 在奖赏和激励手段上，班组长首先要考虑物质奖励的方式。(　　)

A. 正确　　B. 错误

370. 核检表法不仅可以帮助班组长进一步提升问题意识，而且可以找到解决问题的新思路，同时还可以大幅度提高创新的效率。(　　)

A. 正确　　B. 错误

371. 班组长要勤勉敬业，善于解决班组成员最关心、最需要解决的问题，始终保持旺盛的工作热情，有强烈的工作责任心和使命感。(　　)

A. 正确　　B. 错误

372. 班组长采用的领导方式应与班组员工的“成熟”程度一致。(　　)

A. 正确　　B. 错误

373. 班组长有权拒绝违章指挥和制止违章作业。(　　)

A. 正确　　B. 错误

374. 班组长要有一定的价值弹性，即要能包容、承受员工不能承受的压力、委屈等。(　　)

A. 正确　　B. 错误

375. 职位权力分为奖励权、惩罚权、专长权。(　　)

A. 正确　　　　B. 错误

376. 在对班组成员进行奖励时，物质奖励比精神奖励更重要。(　　)

A. 正确　　　　B. 错误

377. 计划一般由标题、正文、落款三部分构成，其中正文包括前言、主体、结尾三个部分。(　　)

A. 正确　　　　B. 错误

378. 描述性定义着眼于应该是什么，以目标为起点，推演出应该采取的措施或行为。(　　)

A. 正确　　　　B. 错误

379. 面对同样的事件或者环境刺激，所有人的压力感受性是相同的。(　　)

A. 正确　　　　B. 错误

380. 在这个剧烈变革和激烈竞争的时代，每个人都会遇到大量的新情况，因此，作为一名管理者需要有较强的应变能力和创新能力。(　　)

A. 正确　　　　B. 错误

381. 事先设想、准备答案时，应准备问答题而非选择题。(　　)

A. 正确　　　　B. 错误

382. 班组中一般都有明确的劳动分工，因此无法运用劳动分工的

方法进行激励。(　　)

A. 正确　　B. 错误

383. 传统的断层衔接方式沟通效率低、冲突多，而现代的断层衔接方式效率高，和谐，实现共赢，所以在我们日常生活工作中，只需要现代的断层衔接方式，传统的可以摒弃不用。(　　)

A. 正确　　B. 错误

384. 提出进程建议可以使得沟通紧扣主题。(　　)

A. 正确　　B. 错误

385. 沟通就是同步，本质在于换位思考。(　　)

A. 正确　　B. 错误

386. 班组长管理人是对本班组成员的管理。(　　)

A. 正确　　B. 错误

387. 核心能力竞争对手很容易模仿。(　　)

A. 正确　　B. 错误

388. 从员工角度来看，发展性信息可以使其了解自己需要改善的地方和自己的优缺点。(　　)

A. 正确　　B. 错误

389. 作为班组长，若下属找你汇报工作时讲许多与工作无关的事情，而你此时正有其他下属在等待汇报。在这种情况下，你应该有策略地打断其讲话，指出时间宝贵，还有别人等

着。(　　)

A. 正确　　　　　　　　B. 错误

390. 只要有问题发生，就要马上找到当事人进行沟通。(　　)

A. 正确　　　　　　　　B. 错误

391. 在班组长自我管理中全面引入时间管理的方法，不能帮助班组长更加有效地完成管理活动。(　　)

A. 正确　　　　　　　　B. 错误

392. 沟通技巧在进行口头语言交流时非常重要，善于思考不属于沟通技巧。(　　)

A. 正确　　　　　　　　B. 错误

393. 倾听时可以忽视非语言信息。(　　)

A. 正确　　　　　　　　B. 错误

394. 要想成为班组长，首先应该是管辖业务领域中的骨干和专家，这是开展工作必须具备的能力。(　　)

A. 正确　　　　　　　　B. 错误

395. 有效的正激励与负激励，不仅作用于当事人，也会间接地影响周围其他人。(　　)

A. 正确　　　　　　　　B. 错误

396. 激励的目的在于将员工的个人目标和组织目标统一起来。(　　)

A. 正确　　　　　　　　B. 错误

397. 管理的目的就是消除矛盾。(　　)

A. 正确　　B. 错误

398. 李班长认为目标管理可以使他有更多精力集中于关键领域问题的摸索和处理。(　　)

A. 正确　　B. 错误

399. “我可能没有完全理解你的话，我以我自己的方式来理解的，我想你所说的就是……的意思吧，这是你的意思吗？”这句话在沟通中是合适的。(　　)

A. 正确　　B. 错误

400. 任何管理者都会面临一些混乱而复杂的环境，班组长应能看到班组生产的全貌和整体，并认清各种因素之间的相互联系，根据形势和问题果断地作出正确的决策。(　　)

A. 正确　　B. 错误

401. 顾客是重要的创新来源。(　　)

A. 正确　　B. 错误

402. 领导力发展的五个阶段分别是权力领导力、责任领导力、高情商领导力、变革型领导力和数字化领导力。(　　)

A. 正确　　B. 错误

403. 合格的班组长要具备良好的倾听能力，不仅能听，还要会听，听出弦外之音。(　　)

A. 正确　　B. 错误

404. 肢体语言包括：目光接触、脸部表情、手势语言、穿戴语言、身体形象等。(　　)

A. 正确　　B. 错误

405. 管理的基本职能包括计划、组织、领导、决策、控制。(　　)

A. 正确　　B. 错误

406. 班组长不仅要自己充分理解企业使命，还要把它传递给员工。(　　)

A. 正确　　B. 错误

407. 每个班组都不是单独存在的，要实现综合效益，就要和其他班组保持一致和平稳。流程是班组之间联系畅通的保证。(　　)

A. 正确　　B. 错误

408. 评价性信息可为企业提供员工任免、晋级和降职的相关依据。(　　)

A. 正确　　B. 错误

409. 目标管理强调以人为中心的主动式管理，强调“自我控制”“自我评估”，相对于过程监督控制，更加重视工作成果。(　　)

A. 正确　　B. 错误

410. 班组长是基层的管理者，是质量、成本、产量指标达成最直接的责任者，是企业利润的创造者。(　　)

A. 正确　　　　　　　　　　B. 错误

411. 班组长要经常考虑“采取措施”，不检查、无计划、没有实施方案是空谈的管理。(　　)

A. 正确　　　　　　　　　　B. 错误

412. 班组长激励员工时需要看对象，不需要注意场合、时间、员工反应等各种因素。(　　)

A. 正确　　　　　　　　　　B. 错误

413. 当人们在某种动机的引导下，并且有能力全面系统地对某个问题进行思考时，使用外围路径。(　　)

A. 正确　　　　　　　　　　B. 错误

414. 班组长是班组工作现场的第一责任人，对整个班组的运营状况负责。在工作过程中，班组长要自行决策，无须向车间主任进行反馈。(　　)

A. 正确　　　　　　　　　　B. 错误

415. 激励的目的不仅是满足每个个人，而且是在鼓励个人的基础上，促进班组作为一个整体协调统一，进而增强班组的凝聚力和向心力。(　　)

A. 正确　　　　　　　　　　B. 错误

416. “宰相肚里能撑船”，班组长要有这样的度量与胸怀。(　　)

A. 正确　　　　　　　　　　B. 错误

417. 带领团队学习，班组长仅有学习热情是远远不够的，还要掌

握学习型班组的基本理念、基本经验，成为会学习、懂学习的学习带头人。(　)

A. 正确　　B. 错误

418. 产生冲突的原因主要包括沟通不良、成员间缺乏坦诚与信任、管理者不能满足组织成员的某些需求等。(　)

A. 正确　　B. 错误

419. 在班组日常管理中，班组长具有奖金分配权。(　)

A. 正确　　B. 错误

420. 班组长应协调好员工之间的关系，以提高员工的主观能动性和工作积极性。(　)

A. 正确　　B. 错误

421. 养成持续学习的习惯，关键取决于三个因素：意愿、能力与毅力。(　)

A. 正确　　B. 错误

422. 李班长发现自己在授权的过程中出现了问题，一名员工在完成工作的过程中使项目进展偏离了正常的轨道，在这样的情形下，李班长不应该把授予的权力收回。(　)

A. 正确　　B. 错误

423. 工作环境的改变要求班组长必须持续学习，提高管理能力和管理水平。(　)

A. 正确　　B. 错误

424. 表扬仅限于简单地、临时性地对某种成绩和行为进行表扬。(　)

A. 正确　　B. 错误

425. 召开会议是班组内常见的活动，要想获得较好的会议效果，班组长需要在前期策划中注意设置大概的议程和时间安排。(　)

A. 正确　　B. 错误

426. 经理人常见的几个误区是关注问题，忘了目标；深恶而不能痛绝；与下属竞争才智；讲效率不讲效果；讲哥们不讲权威；顾小团队不顾全局。(　)

A. 正确　　B. 错误

427. 班组长采用命令的管理方式最容易在班组内建立行为的一致性。(　)

A. 正确　　B. 错误

428. 平时工作比较忙，要把完成工作放在第一位，等有时间的时候再去学习。(　)

A. 正确　　B. 错误

429. 学习型班组就是通过看书、读报、听课等进行学习， 或是为了解决某个问题而进行学习。(　)

A. 正确　　B. 错误

430. 对班组成员的个人安全防护工作进行检查与监督，是班组长

的义务。( )

A. 正确 B. 错误

431. 学习力是班组长一个人的主要工作。( )

A. 正确 B. 错误

432. 班组长要做到"以身作则，言传身教"，引导并培训班组员工朝正确的方向努力。( )

A. 正确 B. 错误

433. 双头指挥，即两个上级管一个下级，有时候会降低工作效率，致使下级不知所措。( )

A. 正确 B. 错误

434. 有效的沟通仅指准确地表达自己的信息。( )

A. 正确 B. 错误

435. 在企业管理中，无论哪种惩罚都有利于激发员工的积极性和创造性。( )

A. 正确 B. 错误

436. 在目视管理中，颜色的使用是最常见的，不同的色彩会给人不同的分量感、空间感、冷暖感、软硬感、清洁感和时间感等。( )

A. 正确 B. 错误

437. 小王说："我们的机器上次检修后，仍然出现同类的问题。我希望能彻底地解决问题。我愿意跟你们一起坐下来分析原

因，找到解决方案。”——这句话很清楚地表达了他此次沟通的目的。( )

A. 正确　　B. 错误

438. 提高产品质量是班组长的使命之一。( )

A. 正确　　B. 错误

439. 班组长要终身学习，要懂管理的基本原理，要掌握工作反思总结的技巧与策略。( )

A. 正确　　B. 错误

440. 班组长要求真务实、真抓实干，坚持“学与用、知与行、说与做”的统一，形成科学、有效的工作思路和正确的工作方法。( )

A. 正确　　B. 错误

441. 在沟通中，我们应积极地聆听他人以理解他们的观点、情感和意图。( )

A. 正确　　B. 错误

442. 如果组员犯错误，班组长可以直接用强制的手段，如采取严厉的批评。( )

A. 正确　　B. 错误

443. 以认知形式划分，决策模式可分为分析决策和官僚政治决策。( )

A. 正确　　B. 错误

444. 有效的沟通，必须是沟通渠道畅通的信息交流。否则，沟通渠道出现任何障碍，都会影响沟通。(　)

A. 正确　　B. 错误

445. 跨团队沟通时，应提前设想对方质疑，事先准备答案。(　)

A. 正确　　B. 错误

446. 提高生产效率是班组长的使命之一。(　)

A. 正确　　B. 错误

447. 改变归因方式不能维护对方自信。(　)

A. 正确　　B. 错误

448. 新任班组长角色转变的关键在于，要改变自己的定位，调整自己的身份角色，理解骨干员工和班组长岗位职责的不同。(　)

A. 正确　　B. 错误

449. 班组长必须了解和掌握员工的态度与兴趣，对其处境十分敏感，采用员工易于接受的方法表达自己的想法。(　)

A. 正确　　B. 错误

450. 班组长不用“以身作则、言传身教”，跟员工打成一片就可以做好工作。(　)

A. 正确　　B. 错误

451. “我也遇到过这种类似的状况，如果……就可以帮助解决，你要是认为有用的话，我愿意与你分享更多我的经验。”这

句话在沟通中是合适的。(　)

A. 正确　　B. 错误

452. 班组长对于上层管理者的决策没有什么影响力，只要决策好就能落到实处。(　)

A. 正确　　B. 错误

453. 矫正一个受内驱影响的行为就是要造成他的认知不协调。(　)

A. 正确　　B. 错误

454. 所谓“容短”就是对下属的缺点视而不见。(　)

A. 正确　　B. 错误

455. 激励不仅是对被激励者的褒奖和肯定，更重要的是用被激励者的精神、经验影响班组的其他成员。(　)

A. 正确　　B. 错误

456. 创新的目的是创效，创新是创效的一种手段。(　)

A. 正确　　B. 错误

457. 班组长的任职条件有思想素质高、业务技术精、责任意识强；有一定管理能力、分析问题能力；能以身作则、坚持原则、办事公道、有较强群众基础。(　)

A. 正确　　B. 错误

458. 基层管理者是企业各项活动的直接组织者和执行者，是连接中高层管理者与员工之间的桥梁，是企业稳定发展的基石。(　)

A. 正确　　　　　　　　B. 错误

459. 人和人之间是有很大差异的，比如生活经验、思维模式、个性、工作方式、价值观和信念、文化背景、兴趣等的不同，会导致我们对事物的解释不同，在工作生活中，我们应尽量使自己的认识偏差最小。(　　)

A. 正确　　　　　　　　B. 错误

460. 班组长应把员工视为宝贵的资源和财富，真心关爱和照顾员工。(　　)

A. 正确　　　　　　　　B. 错误

参考答案

单项选择题

1. C	2. D	3. C	4. D	5. B
6. D	7. C	8. A	9. D	10. C
11. D	12. A	13. B	14. D	15. A
16. D	17. B	18. C	19. C	20. A
21. D	22. B	23. C	24. A	25. D
26. B	27. B	28. B	29. D	30. C
31. D	32. A	33. C	34. B	35. D
36. C	37. C	38. A	39. C	40. D
41. B	42. B	43. D	44. A	45. C
46. A	47. C	48. B	49. B	50. C
51. D	52. B	53. A	54. C	55. D
56. D	57. B	58. B	59. B	60. D
61. D	62. B	63. D	64. C	65. C
66. D	67. C	68. C	69. B	70. C
71. D	72. C	73. A	74. A	75. C
76. D	77. D	78. C	79. B	80. B
81. A	82. C	83. C	84. D	85. B
86. A	87. A	88. B	89. A	90. B

91. A	92. C	93. B	94. D	95. C
96. D	97. D	98. C	99. C	100. D
101. B	102. B	103. D	104. C	105. C
106. D	107. A	108. B	109. D	110. B
111. C	112. B	113. B	114. B	115. D
116. D	117. C	118. D	119. C	120. B
121. B	122. C	123. C	124. B	125. A
126. A	127. A	128. B	129. D	130. D
131. C	132. D	133. B	134. A	135. D
136. D	137. B	138. C	139. B	140. D
141. A	142. A	143. A	144. C	145. C
146. C	147. C	148. C	149. D	150. D
151. C	152. C	153. D	154. D	155. D
156. A	157. B	158. D	159. D	160. D
161. C	162. C	163. C	164. A	165. C
166. A	167. B	168. D	169. D	170. C
171. C	172. A	173. C	174. D	175. A
176. A	177. C	178. B	179. D	180. D
181. D	182. C	183. A	184. C	185. A
186. A	187. B	188. A	189. C	190. D
191. D	192. A	193. D	194. A	195. D

196. B	197. D	198. A	199. D	200. B
201. C	202. C	203. D	204. B	205. A
206. C	207. C	208. C	209. A	210. C
211. C	212. D	213. D	214. C	215. C
216. C	217. D	218. B	219. C	220. D
221. A	222. C	223. A	224. D	225. D
226. D	227. A	228. B	229. C	230. B
231. A	232. B	233. D	234. A	235. B
236. D	237. C	238. A	239. D	240. C
241. C	242. D	243. A	244. D	245. B
246. C	247. A	248. A	249. A	250. B
251. C	252. A	253. C	254. C	255. B
256. C	257. C	258. C	259. D	260. C
261. C	262. D	263. B	264. B	265. D
266. A	267. C	268. C	269. B	270. A
271. A	272. A	273. B	274. C	275. A
276. A	277. B	278. D	279. B	280. B
281. B	282. B	283. B	284. B	285. C
286. B	287. C	288. C	289. B	290. D
291. D	292. B	293. C	294. B	295. A
296. B	297. C	298. A	299. A	300. B

301. C	302. C	303. C	304. D	305. D
306. A	307. B	308. B	309. C	310. D
311. C	312. A	313. A	314. A	315. C
316. D	317. B	318. B	319. C	320. C
321. A	322. B	323. D	324. C	325. C
326. C	327. B	328. B	329. B	330. C
331. B	332. C	333. C	334. A	335. B
336. C	337. A	338. A	339. A	340. A
341. D	342. D	343. A	344. B	345. A
346. A	347. C	348. D	349. C	350. B
351. B	352. B	353. A	354. B	355. D
356. A	357. C	358. B	359. A	360. B
361. C	362. A	363. D	364. C	365. B
366. C	367. C	368. D	369. D	370. D
371. B	372. D	373. C	374. A	375. A
376. C	377. C	378. B	379. C	380. C
381. B	382. C	383. C	384. B	385. C
386. D	387. A			

多项选择题

1. ABCD	2. ABCD	3. ABCD	4. ABCD
5. ABCD	6. ABC	7. ABCD	8. ABC
9. ABCD	10. ABCD	11. ABD	12. ABC
13. ABC	14. ABCD	15. ABC	16. ABCD
17. ABCD	18. ABCD	19. ACD	20. ACD
21. ABCD	22. ABCD	23. ABC	24. ABCD
25. ACD	26. ABD	27. ABC	28. AC
29. ABCD	30. ABC	31. ABCD	32. ABC
33. ABC	34. ABCD	35. ABCDE	36. ABC
37. ABCD	38. ABCD	39. ABCD	40. AD
41. ABCD	42. ABC	43. BCD	44. BCD
45. BC	46. ABC	47. ABCD	48. BCD
49. ABCD	50. AB	51. AD	52. ABC
53. ABCDE	54. ABC	55. BCD	56. BCD
57. ABCD	58. ABCD	59. ABCD	60. ABCD
61. ABCD	62. BCD	63. ABC	64. ABCD
65. AB	66. ABCD	67. BCD	68. ABD
69. ACD	70. ABD	71. AC	72. ABCD

73. ABCDE	74. ABCDE	75. ABCD	76. ABC
77. ACD	78. BCD	79. ABC	80. ABCD
81. ABCD	82. ABC	83. ABCDE	84. BCD
85. ACD	86. ABD	87. ABCD	88. ABC
89. ABCD	90. ABCD	91. ABCD	92. ABCD
93. ABCD	94. ABC	95. ABC	96. ABCD
97. ABCD	98. CD	99. ABD	100. ABC
101. BCD	102. ABCD	103. ABC	104. ABC
105. ABCD	106. ABC	107. ABCD	108. ACD
109. ABCD	110. ABCD	111. CD	112. AB
113. ABCDE	114. ABCD	115. ABCD	116. ABC
117. ABC	118. ABCD	119. ABD	120. ABD
121. ABCDE	122. ABCDE	123. ACD	124. ABCD
125. ABC	126. ABCD	127. ABC	128. ABCD
129. ABCD	130. ABCD	131. ABCDEF	132. ABCD
133. ABD	134. AB	135. ABC	136. ABC
137. ABCD	138. BC	139. ABCD	140. ABCD
141. ABC	142. ABCD		

判断题

1. A	2. B	3. B	4. A	5. A
6. A	7. A	8. A	9. B	10. A
11. A	12. A	13. A	14. B	15. A
16. A	17. A	18. B	19. A	20. A
21. A	22. A	23. A	24. A	25. B
26. A	27. A	28. A	29. A	30. A
31. A	32. B	33. A	34. B	35. B
36. B	37. A	38. B	39. A	40. B
41. B	42. A	43. B	44. A	45. B
46. A	47. A	48. B	49. A	50. A
51. B	52. A	53. A	54. A	55. A
56. B	57. A	58. A	59. A	60. A
61. B	62. A	63. A	64. A	65. A
66. A	67. A	68. A	69. B	70. A
71. A	72. A	73. B	74. A	75. A
76. B	77. A	78. A	79. A	80. A
81. A	82. A	83. A	84. A	85. A
86. A	87. B	88. B	89. A	90. A

91. B	92. B	93. A	94. A	95. A
96. B	97. A	98. A	99. B	100. A
101. A	102. B	103. A	104. A	105. A
106. A	107. A	108. A	109. A	110. A
111. A	112. A	113. A	114. A	115. A
116. B	117. A	118. A	119. B	120. A
121. A	122. A	123. B	124. A	125. A
126. B	127. A	128. A	129. B	130. B
131. A	132. A	133. A	134. B	135. B
136. A	137. A	138. A	139. A	140. A
141. A	142. B	143. A	144. B	145. B
146. A	147. A	148. B	149. A	150. A
151. A	152. B	153. B	154. A	155. A
156. A	157. B	158. A	159. A	160. A
161. A	162. A	163. A	164. A	165. A
166. B	167. A	168. A	169. A	170. A
171. B	172. B	173. B	174. A	175. A
176. A	177. A	178. B	179. A	180. B
181. A	182. A	183. B	184. A	185. A
186. A	187. A	188. A	189. A	190. A
191. A	192. B	193. A	194. B	195. A

196. B	197. A	198. B	199. B	200. A
201. A	202. B	203. A	204. A	205. A
206. B	207. A	208. A	209. A	210. A
211. A	212. B	213. A	214. A	215. B
216. A	217. A	218. A	219. A	220. A
221. A	222. A	223. A	224. B	225. A
226. A	227. A	228. A	229. B	230. B
231. A	232. B	233. B	234. A	235. A
236. A	237. A	238. A	239. A	240. A
241. A	242. A	243. A	244. A	245. B
246. A	247. A	248. B	249. A	250. A
251. A	252. A	253. A	254. A	255. A
256. A	257. A	258. A	259. A	260. A
261. B	262. B	263. A	264. A	265. A
266. A	267. A	268. B	269. A	270. B
271. B	272. A	273. A	274. B	275. B
276. A	277. A	278. A	279. B	280. A
281. A	282. A	283. B	284. A	285. A
286. B	287. A	288. B	289. A	290. A
291. B	292. A	293. A	294. A	295. A
296. A	297. B	298. A	299. B	300. B

301. B	302. B	303. B	304. A	305. A
306. A	307. A	308. B	309. A	310. A
311. A	312. A	313. B	314. A	315. A
316. A	317. A	318. B	319. A	320. A
321. A	322. A	323. A	324. A	325. A
326. B	327. A	328. A	329. A	330. A
331. A	332. B	333. B	334. A	335. A
336. B	337. A	338. A	339. A	340. B
341. A	342. B	343. A	344. A	345. B
346. A	347. A	348. B	349. A	350. B
351. A	352. A	353. A	354. A	355. A
356. A	357. B	358. A	359. A	360. A
361. A	362. A	363. B	364. A	365. A
366. A	367. B	368. B	369. B	370. A
371. A	372. A	373. A	374. A	375. A
376. B	377. A	378. B	379. B	380. A
381. B	382. B	383. B	384. A	385. A
386. A	387. B	388. A	389. A	390. B
391. B	392. A	393. B	394. A	395. A
396. A	397. B	398. A	399. A	400. A
401. A	402. A	403. A	404. A	405. A

406. A	407. A	408. A	409. A	410. A
411. A	412. B	413. B	414. B	415. A
416. A	417. A	418. A	419. A	420. A
421. A	422. A	423. A	424. B	425. B
426. A	427. B	428. B	429. B	430. A
431. B	432. A	433. A	434. B	435. B
436. A	437. A	438. A	439. A	440. A
441. A	442. B	443. B	444. A	445. A
446. A	447. B	448. A	449. A	450. B
451. A	452. B	453. A	454. B	455. A
456. A	457. A	458. A	459. A	460. A